熱愛人生

25堂

尼采的生命啟示哲學課

NIETZSCHE

마흔에 읽는 니체

지금 이 순간을 살기 위한 철학 수업

장재형 저

張在炯 ———— 著　陳品芳 ———— 譯

序言

我是如何愛我的生命？

四十歲，我覺得我背負了許多東西。家庭、愛情、職業、人際關係……是這些使我們的生命更加堅實，偶爾卻又讓人覺得那是難以承受的沉重負擔。至今，我們始終不曉得自己究竟過著怎樣的人生，只顧著一個勁地向前衝刺。回顧過去那段不斷衝刺的時光，才發現自己根本沒有好好享受人生的時間。說不定連我人生最精華的美好時光，我都沒能好好享受，只是隨便虛度光陰。現在的我所過的人生，與年輕時所夢想的模樣截然不同。我真正想實現的那些夢想，現在已經永遠離我遠去了。我覺得，我似乎只能以現在這個樣子繼續度過餘生。年逾四十，領悟的事情難道就只有這些嗎？

「我該如何度過剩下的人生？」

「我所擁有的一切，能夠使我幸福嗎？」

「我曾經好好享受過自己的人生嗎？」

「我究竟是我人生的主人，還是奴隸？」

如果這些問題觸動了你，那現在是時候面對新的疑問了。世上沒有什麼是不變的，唯一不變的只有一件事，那就是「我們總有一天會死」。因此未來無論是要多活一天，還是多活五十年，都只有一件最重要的事——人生要做的不是尋找正確答案，而是尋找疑問。

尼采被稱為「質疑的哲學家」。面對人們從未懷疑過的真理、價值與生命，他不斷提出質疑。他一再反問自己，何謂真正的人生？為了領悟何謂人生，我們必須先了解自己。為了了解自己是怎樣的存在，我們不僅需要知道自己過著怎樣的人生，更要了解自己以什麼樣的態度看待人生。經過無數的質疑，尼采終於找到人生最後的疑問：

「我要如何愛我的人生？」

四十歲，為何要讀尼采的哲學？

世上有許多人的人生看似風平浪靜，卻還是不免經歷事業失敗、失業、對婚姻生活的倦怠、離婚、家人或朋友的死亡、來自人際關係的壓力等痛苦。這個瞬息萬變的社會、越來越被推崇的物質至上主義，使我們必須不斷跟彼此競爭。即便如此，我們仍然為了不落後而全力奔跑著。然而這樣的奔跑不是為了追求自己的理想，而是為了追求他人的評價，這反倒使我們迷失自我。也因此許多人日復一日地被憂鬱、恐懼、憤怒、憎恨、嫉妒、埋怨等壞情緒席捲而生病。就像《查拉圖斯特拉如是說》中的「走繩者」，我們搖搖欲墜地在每一天裡艱苦奮戰。一想到未來還要繼續這麼無趣的人生，便讓人感到筋疲力盡。

若你覺得自己彷彿孤獨地面對這段人生，那就是時候來認識探尋生命意義的哲學家「尼采」了。我們究竟能從尼采哲學中的什麼地方，找到生命的意義呢？

第一，尼采的作品中，有許多能為人生帶來力量的金玉良言。尼采這些充滿力量的格言，能夠帶我們從容地戰勝現實人生、帶給我們巨大的安慰。

第二，尼采哲學當中，有「要用什麼來充實人生」的解答。在四十歲讀尼采的作品，便能找到穩定內心、讓自己活出快樂人生的解答。在人生無數的煩惱中，我們總是相信這些問題都有解答，並為了找尋這些答案而受盡苦難。即便真的找到了幾個答案，人生還是很不順遂。對於這些問題，尼采告訴我們：

「人生沒有正確解答。」

尼采的哲學源自虛無主義，源自於要人們跳脫無意義的人生。尼采的思想就是「變」。我們要擺脫過去所仰賴的、所相信的人生態度，完全只依靠自己。對於要「活出真正的自我」這個問題，尼采認為我們要成為「超人」。

第三，尼采讓我們知道如何去愛這個僅此一次的人生。過去有許多人說「人生就是一連串的苦難」，現在有更多人認同這個想法。到了四十歲，我們看似已對一切習以為常，卻仍經常對許多事物感到陌生。許多問題與我們的人生有所牽扯，面對這些問題使我們更感疲憊。即便如此，尼采依然要我們愛自己的人生。尼采主張「命運之愛」，要人們「愛你的命運」。尼采總喜歡用「即便如此，但我依然……」這樣的轉折來闡述自己的理念。「即便如此，但我依然」幾個字，代表「縱使事實如此，我也不在乎」。尼采說，我們的人生確實很痛苦，但仍然要去愛這段人生。所謂的幸福，取決於你如何看待這個世界。幸或不幸，取決於你如何接受自己所處的狀況、對當前所擁有的一切事多麼滿足與感激。

「你愛這段僅此一次的人生嗎？」

你能夠毫不猶豫地回答「愛」嗎？如果你的回答是「不愛」，就表示你對生命的熱情已經冷卻。而熱情正是引領生命前進的強烈意志。

到了人生的中期，我們便是在經歷生命的過渡期。四十多歲的我們，正巧站在一個岔路口，得選擇要克服生命的難題，還是要乾脆放棄。在這重要的時刻，年輕時所夢想的人生消失得無影無蹤，只留下無盡的空虛。站在從人生中期進入後期的交界，我們日復一日地在倦怠中掙扎。但若我們安於眼前的現狀，就代表我們放棄了精神的成長。

人人都渴望永恆的生命，有些人卻總會想起過去錯過的一切，始終活在後悔之中。而這樣的放不下，或許會使他們無法享受剩下的人生。尼采曾在他的遺稿中提到：

「生命的每一刻，都在對我們訴說著某些事情，然而我們卻充耳不聞。」

四十歲，需要聽聽尼采的話了。他領先我們，度過比我們更艱困的人生。當你面對絕望、挫折、孤單、徬徨、失敗時，尼采能帶給你克服這一切的解決之道。因為他曾經思考該如何度過自己的人生，並且將他的體悟寫成哲學思維流傳後世。在這個被空虛與無力襲擊的年紀，試著用尼采的哲學作為武器來防禦吧。

尼采的哲學非常貼近我們的人生。我從尼采的哲學中，挑選對人生特別重要的二十五個關鍵字，並且拆解龐大的《尼采全集》，將必要的部分整理出來，依照關鍵字分別串聯在一起。因此只要讀這一本書，就能夠對理解尼采帶來大大的幫助，更能幫助你過上健康的人生。尼采是最好的身心問題醫師兼心理學家，這本書收錄了他每一個重要發言。從現在起，讓我們跟著愛著生命的哲學家尼采，一起走進他的人生課題。

目錄

第3章　如何能在人生中旅行　尼采的興奮劑

第4章　要如何愛自己的生命　尼采最後的提問

第一章

四十歲，該靠什麼活下去？

尼采的人生說明書

01

活得要危險

• 上帝已死 •

「上帝已死，人類當成為超人。」願終將來到的偉大正午時刻，成為我們最後的意志！

節錄自《查拉圖斯特拉如是說》

古代希臘哲學家赫拉克利特留下一句名言：「人不會兩次踏入同一條河。」因為踏入河裡的人，會繼續踏入另一條河、再踏入另一條河。赫拉克利特認為，萬物的生成與消滅都是遵循著同一個原理，世界充斥著不斷改變且無法以邏輯說明的事件，因此我們的生命本質也必須不斷變化。

如今，我們活在如漩渦般劇變的時代。這個世界不斷有新事物被創造出來，改變速度之快，令我們難以承受、適應。然而若沒能跟著世界潮流改變，停滯的生命便如死去一般。活了四十多年，若突然因變化而感受到危機，那麼你的生命將會感到失望與虛無。那麼，我們該如何因應改變？

我們不在屬靈世界，而在物質世界

「上帝已死。」

這是尼采最知名的一句話。這是尼采後期思想的核心主軸，在《快樂的科學》當中首度登場。這本書以三百八十三句格言組成，他在《快樂的科學》第一百二十五篇語錄〈狂人〉中，講述了執燈火的狂人通知世人上帝已死的內容。

明明是大白天，狂人卻提著明亮的燈火站在廣場上，對著人們大喊他在找上帝。不信上帝的人們，開始嘲笑那個要找上帝的狂人。狂人一一看著他們，並對他們說：「我們殺死了上帝。」狂人再次高喊：「上帝已死！上帝已經死了！是我們殺死了上帝！」我們所有人都是弒神者。

「尼采為何要讓狂人在廣場上，對著眾人說我們殺死了上帝？」

「上帝是超越生與死的永恆存在，又怎麼能被人類殺死？」

「尼采口中已經死去的上帝，究竟代表什麼意義？」

為了在痛苦的現實與不安的未來中支撐下去，人類創造了上帝這樣的概念。過去兩千年來，在歐洲人的生命中，上帝有著絕對的意義。在尼采所生活的十九世紀歐洲，基督教思想的支配力非常強大，是所有理念與價值的標準。人類依循自己所創造出的上帝，將其視為絕對的價值，用以評價自身的生命。然而上帝雖是生命的意義與目的，卻再也不能發揮真正的功能。

尼采認為，基督教的上帝反而使人生病。因為在基督教裡，人是犯了罪、生了病的存在。為了克服無意義且充滿恐懼的人生，人類創造出上帝，最終卻使人類變得更懦弱，因此人不再需要上帝。這也是為什麼尼采將自己比喻為狂人，並且告訴眾人，是我們殺死了上帝。

尼采宣告「上帝已死」，告別了長期支配人類生命的神，對當時的人們造成很大的衝擊。此處的「神」，雖是指基督教的神，但尼采卻不單純只是想說基督教的神已死。他宣告的，其實是為歐洲文化奠基的所有哲學、宗教、道德理念與價值均已死去。

哲學家懷海德曾說：「西洋哲學，不過是柏拉圖哲學的註解。」如他所說，西洋哲學欠了古代希臘哲學家柏拉圖很多。柏拉圖提出的形而上學式二元論一直延續到近代哲學，他將世界分成「理念世界」與「現象世界」。理念世界是真正的世界，也是永遠不變的存在。而現象世界則是生成、變化與消滅的世界，是時時刻刻都在改變的假想世界。

受柏拉圖哲學影響的基督教，同樣也將世界分為我們所生活的「物質世界」，以及死後必須透過永恆救贖才能前往的天國，也就是「屬靈世界」。基督教認為物質世界充斥罪惡與痛苦，也就是說這並非是真正的世界，因此暗地裡貶低它。從結果來看，尼采的「上帝已死」，其實也蘊涵使真正的世界，也就是神的「屬靈世界」消失的意圖。如今剩下的只有物質世界。

與熟悉道別，活出理想的自我

如今，上帝已死的概念不會再給我們帶來這麼大的衝擊。因為對我們來說，更重要的是金錢等物質價值，上帝的位置由物質萬能主義所替代。那麼，「上帝已死」對活了四十多年的我們來說，究竟有什麼意義？

與熟悉道別

二十多歲、三十多歲時的我們，忙著讀大學、忙著為找一份好工作累積資歷、忙著追求愛情、忙著維繫人際關係，生活的變動非常大。必須要過了四十歲，我們在心理上、經濟上才能維持一定程度的穩定。但越是追求穩定的人生，就越容易放棄展開新生活的機會。面對新挑戰時，我們會開始感到恐懼，也越來越缺乏勇氣。

「你是否過著你理想的最佳人生？」

「步入人生中年，你是否有自信能再熱烈地活一次？」

「你心中還有尚未實現的夢想嗎？」

「過去受挫的夢想，是否仍然束縛著你？」

「你是否想再享受一次悸動、再活一次與眾不同的人生？」

面對這些問題，尼采的回答始終如一。

「人必須不停克服自我。」

現在我們必須練習與熟悉的事物道別。所謂熟悉的事物，是你至今所相信的一切。是為你人生奠基，卻無法輕易放棄的一切。如同尼采宣告上帝已死，為了與過去的一切道別，我們需要一個契機。契機意味著某個事件的發生、致使你改變的決定性因素或機會。換句話說，契機就是轉捩點，是人生的轉折點。人人都有人生的轉折點，人人都會面臨在某些情況下，必須轉換前進方向的時刻。有時轉捩點出乎我們的意料，它不是一個巨大的事件，而是源自於一件小事。轉捩點不是由他人替你決定，而是由你自己所創造。

活出理想的自我

尼采在《查拉圖斯特拉如是說》中賦予我們義務，要我們將寫到一半的寫字板接著寫完。查拉圖斯特拉將兩塊寫字板放在身邊，靜待自己的時機到來。一塊是老舊破碎的寫字板，另一塊則是嶄新的，而且只寫了一半。前者上頭寫著「上帝已死」，後者則寫著「人類當成超人」。我們必須與過去訣別，為了「活出裡想自我」而破壞老舊的寫字板，完成新的寫字板。那麼，我們該如何填滿那剩下一半的寫字板呢？

查拉圖斯特拉說，為了填滿寫字板，首先必須成為「創造者」。所謂活出理想自我，就是成為創造者。我們該如何才能成為創造者？必須破壞既有的價值索引，創造新的價值清單。拋開一切熟悉的事物，體會全新事物，我們方能領悟到自己真正的理想為何物。踏入陌生世界時，我們更能專注傾聽內在的聲音，了解自己是誰、了解自己真正想要什麼。所以查拉圖斯特拉說：

「丟下我，去找尋你們自己吧。當你們全都否定我時，我將會再次回到你們身邊。」

當長久以來支撐自身的事物受到動搖時，我們必須宣告要做真正的自己。在四十歲時，或在即將邁入四十歲之際回顧自我，你會希望將剩餘的人生，用來盡情享受自己真正想要的事物。不過，我們不是經常以沒時間為藉口、以現實條件和情況為由，不去付諸實行嗎？人皆是如此，大多難以跳脫熟悉的人生。但每當傾聽自己內在的聲音時，卻又抗拒安逸的生活。

為了克服這些問題，我們需要勇氣。尼采說：「要過危險的生活！選擇將城市建立在火山之上、前往未知大海的人生吧。」勇氣是即便感到恐懼，仍能勇往直前的那一顆心。不要輕易屏棄那些使你難受的事物，越是難受，你越要嘗試新事物。用全新的事物，填滿你早已刻印在石板上的舊生命。若你渴望真正的改變，就要放下那些一直被你重視的事物。有時我們必須懂得放棄那些更勝生命、曾經誓言賭上一切也要守護的事物。

過去放棄的夢想與熱情並沒有消失。

過去夢想的野心，

很可能依然在蠢動，或化身成為其他的欲望。

02

我們反倒需要倦怠

• 虛無主義 •

虛無主義是何意？是剝奪多項至高價值的價值，

是缺乏目標，是缺乏對「為什麼」的解答。

節錄自《權力意志》

二十世紀法國的存在主義文學代表作家阿爾貝・卡繆，在他的哲學散文《薛西弗斯的神話》中提到：「判斷生命究竟有沒有活的價值，就是在回答哲學的根本問題。」

「生命是什麼？」

卡繆認為「生命的意義」是哲學思考最重要的命

題，但在十九世紀以前的西洋哲學中，這並沒有被特別拿出來討論，因為西洋歷史有很長一段時間被基督教思想所支配。長達一千年的中世紀時期，哲學只是論證上帝存在的手段，從「哲學服膺於神學」這句話也能看出這樣的脈絡。基督教認為，物質世界裡承受痛苦與試煉的人生，都只是神的考驗。人一生所受的苦難，都會在死後進入天國得到補償。基督教認為充滿痛苦與矛盾的世界，不過都是為了前往天國的手段。

為何會覺得人生沒什麼價值

要用一個詞來描述現代人的生活，就是「忙碌」。我們每天早上都急忙從床上爬起來，展開忙碌的一天。為何人們如此著急？以至於連思考人生真正意義的時間都沒有？我們總想著「明天、下次、等我有了地位、等十年後穩定一點」，總是寄託未來，而不是充實當下。或許我們就像希臘羅馬神話裡登場的薛西弗斯，正在接受跟他同樣殘酷的刑罰。每當薛西弗斯辛苦地將石頭推到山頂，石頭便會因重量而再度滾到山下，他必須一再重複同樣的事。我們可以問問自己：

「人生的意義是什麼？」

若你覺得這個問題很沒有意義，那或許你是陷入了虛無主義。「虛無主義」指的是認為人生沒有意義的主張。尼采曾在《權力意志》中闡述自己的哲學，並提到「接下來兩個世紀，將會是虛無主義的世界」。尼采透過前面的上帝已死，想告訴我們虛無主義即將到來。尼采認為虛無主義是「所有訪客之中令人最不悅的存在」。他形容虛無主義「剝奪多項至高價值的價值，是缺乏目標的存在」。換句話說，虛無主義使我們不再能對「為什麼」提出解答。

上帝已死使人擺脫了神的枷鎖，從束縛中掙脫。但與此同時，支持人類自身與生命意義的堅實基礎也跟著消失，使人失去了活下去的意義，變得徬徨無助。

人的一生最重要的事是什麼？是人生的目標。沒有目標的人會越來越無力。但如今許多人都沒有明確的人生目標，這便使人只會追求一時的快樂，並成為這些情感的奴隸。人們會忽視眼前的現實，終其一生追求眼前的利益。面對「這真的是我想要的人生嗎？」等問題，人們只會忙著辯解。要是沒有引領我們人生方向的羅盤，我們將會在無從得知生命價值的情況下死去。

每個人一生中都會樹立許多目標，但若無法真正達成自己理想的目標，就必須放棄。人會因為自己設定的目標或夢想經常改變而受到動搖。經常改變會使人沒有時間繼續努力實現目標，只是忙著追隨他人的步伐。當人生的目標受到動搖進而消失時，人便會陷入虛無主義，我們將無法明白自己正在做的事是為了什麼。那麼，我們究竟該如何擺脫這樣日復一日的生活？

首先，我們必須意識到自己已經陷入虛無主義。若你某天突然發現自己提不起勁，你就必須意識到問題，並問問自己「為什麼」會如此。一再反覆的人生帶來虛無主義，最終造成意識的改變。你必須做出決定，讓變得守舊、日日都過得無比倦怠的自己擺脫這種生活。

感情融化凍結的生命意志

生與死必然會讓人類感到恐懼與痛苦。面對老化帶來的疾病與死亡，我們必須做好準備，而這通常取決於我們看待生命的態度。但不幸的是，我們很少會努力尋找生命的意義、建立自己對生命的態度。無論是在家庭、學校還是職場，我們都不曾學過這些，只是盡力去完成考試、就業、結婚、生產、育兒等人生課題。為了實現自己所建立的目標，我們用盡全力，卻也在克服誘惑時遭遇挫折。我們經常遭遇許多考驗，並逐漸失去自信，最終選擇放棄。所以當四十歲的你回顧過往，會發現自己確實活得很認真，卻也非常沒有意義。這很可能是因為我們並非自我生命的主宰，而是生命的奴隸。

從現在起，我們該怎麼做才能跨過通往人生下半場的門檻？在面對人生的轉捩點時，突然讓我們無法再繼續向前進的情緒就叫倦怠。人總有新的欲望要滿足，當這些欲望獲得滿足、平靜下來，人便會感到空虛與倦怠。為了擺脫倦怠，就必須有更強大的欲望。

倦怠不是危機，而是轉機。
能讓我們獲得動力，朝著真正的人生目標前進。

當欲望平息，人們進入休息時間，沒有目的、沒有厭倦、沒有欲望，享受宛如一座平靜湖水的短暫愉悅後，倦怠便會找上門。尼采將這樣的倦怠形容為一股春風，能夠融化我們凍結的生命意志。倦怠並不是一種負面情緒，尼采反倒認為我們需要倦怠才能成功。他將在人生轉捩點所遭遇的倦怠，比喻為在一帆風順的歡快航海前駛人不愉快的「靈魂無風狀態」。因此，思想家與創作者必須忍受這樣的倦怠期，靜待時機的到來。

從人生的中期開始，我們就不該再抗拒，而是該接受人生的痛苦，同時也必須設定新的人生目標。比起迴避某些不願面對的事物，我們更應該培養勇於朝著某些事物前進的態度。這樣一來，在剩餘的人生中，我們才能以更開闊的心情接納喜悅。

e

一在反覆的人生所帶來的虛無感，最終會使思想發生改變。

這一刻就是提問的時刻。

「我的人生有何意義？」

03

人必須克服的某種東西

• 超人 •

我要將超人之事教予你們，那是人類必須克服之事。為克服自我，你們可曾做了什麼？

節錄自《查拉圖斯特拉如是說》

A世代指的是展開人生第二階段的四十五歲到六十四歲，也就是指現在的中壯年族群。用於表現A世代特徵的詞是「Ageless」（不老的）、「Accomplished」（成就的）、「Alive」（生動的）、「Attractive in my onw way」（有魅力地依照自己的方式）、「Admired」（受人尊敬的）、「Advanced」（進步的）等。取這些英文單字的第一個字母，因此稱為A世代。

A世代之所以開始受到矚目，是因為他們在經濟上、時間上都較為寬裕，是能夠大量投資自己的消費族群。此外，當現在的A世代踏入社會時，智慧型手機也恰好登場，他們從這個產品登場時便開始使用，因此對社群平台、YouTube、網路購物等數位環境相當熟悉。他們是個懂玩也懂得花錢的世代。

現在的你是什麼樣子呢？會不會已經無法適應改變、逐漸失去立足之地，變成有損A世代這個稱呼的樣子呢？你或許會被鏡中那個頭髮花白、眼角跟額頭開始出現皺紋的自己給嚇一跳。在一個既不能說是年輕，卻也還不能說老的年紀，人們很容易漸漸失去自信。

成為超越人類的人類

尼采的中年時期也過得像個流浪者，他總是害怕不知何時將要到來的死亡。在寫《查拉圖斯特拉如是說》之前，他的狀況就如他在自傳《瞧，這個人》裡說的一樣，徘徊在人生的低谷。隔年冬天，尼采在距離熱那亞不遠處，位於拉帕洛的一處迷人海灣隱居。但他的健康狀況並不好。每天早上，他會穿越松樹林，走在南方美麗的道路上遠眺海面。到了下午，健康狀況好的時候，他會從聖瑪格麗塔往菲諾港的後方走去。尼采說，他就是在這兩條路上，構思了《查拉圖斯特拉如是說》第一卷的所有內容。對他來說，那年的冬天非常冷，他所住的小旅館房間能清楚聽見浪潮聲，幾乎讓他夜不成眠。一切都與他預期的恰好相反。他的《查拉圖斯特拉如是說》，便是在冬天惡劣的環境下誕生。

尼采在《瞧，這個人》當中曾說過，《查拉圖斯特拉如是說》在自己的作品中獨具一格。這本書是給人類最大的餽贈，不僅是世上所有書中最棒的傑作，更有著最好的氣韻。然而《查拉圖斯特拉如是說》，或許是西洋古典著作之中最難讀懂的作品。原因在於內容太過隱晦，有太多比喻、象徵與戲仿的內容。尼采為這本書取了一個副標題，就叫做「為所有人而寫，也不為任何人所寫的書」。

查拉圖斯特拉代表的是尼采自己，是宣揚尼采思想的人。這部作品所傳遞的核心思想，是尼采最經典的「超人」、「權力意志」與「永恆輪迴」。超人是首次在

《查拉圖斯特拉如是說》中出現的詞，而超人思想則是在山中苦讀十年的查拉圖斯特拉來到塵世後提出的哲學思維。如我們前面提過的，透過上帝已死這個事件，兩千年來支配歐洲的柏拉圖二元論與基督教世界觀已經倒塌。而對於「所有價值觀都已崩潰，因而陷入虛無主義的人類，究竟該如何活下去」這個問題，尼采在《查拉圖斯特拉如是說》裡提出解答，那就是超人這一種全新的人類。

人類克服虛無主義的過程，可以從認同超人這個全新的人生目標開始。克服虛無主義的主角便是超人。查拉圖斯特拉抵達距離森林最近的城市後，便對著聚集在市場的群眾說：「我要將超人之事教予你們，那是人類必須克服之事。」

尼采所說的「超人」，指的是依靠「權力意志」克服自我、超越自我的人類。超人在德文裡是「Übermensh」，是以代表「上」或「超越」的前綴詞「Über」，和代表人的「mensh」組合而成。也就是在人之上、超越人類的人，英文翻譯成「overman」或「superman」。這裡需要注意，尼采所說的超人，並不是我們在電影裡看到的擁有超能力之人。

那麼，我們為何必須成為超人？為何尼采會要我們成為超越人類的人？原因在於我們只剩下「這個世界」。尼采否定了柏拉圖的二元論，改為相信一元論，認為我們所居住的世界是唯一的存在。曾經以為永恆不滅的上帝已經死了，天國這個永恆不變的理念世界也消失了。那我們剩下的就只有這個世界、這片大地。人類不再有任何可依靠的理念世界，查拉圖斯特拉說：

「超人必須成為這片大地的意志，必須豐富這片大地，別去相信對天上的國懷抱希望的人！」

人必須自己成為神，填補那個空缺。

如何活成真正的自我

尼采哲學指出了我們脆弱的部分，同時也提供改善人生的強大精神武器。他的思想能幫助我們找出生命中重要的事物、達成具價值的目標、承受並克服當前的痛苦與逆境。而這強力的武器，就是讓人類成為超人這種新人類。

一直以來，我們的生活都在追求新鮮感與他人的期待。到了四十歲，我們發現自己並不是真正理想的樣子。為了回應他人的期待，我們沒有依照自己的理想前進。比起夢想，我們花了更多時間追求金錢和名譽。我們以為這樣長時間累積下來，便能在人生中期找到穩定的生活。然而四十歲之後的人生，反而會因為對家庭的責任、社會給予的壓力而越發沉重。如今，我們依然不知自己該往什麼方向前進，對這個無法活出自我的自己感到失望。

《查拉圖斯特拉如是說》的主題是「人類必須克服自己」，克服自己才是真正的活出自我，而活出自我就是尼采口中超人的人生。那在人生的轉捩點，究竟該怎麼做才能真正活出自我？

愛自己

想活出自我，首先必須愛自己。尼采在《查拉圖斯特拉如是說》中提到，「要時時刻刻愛你們的鄰居像愛自己，但首先你必須成為懂得愛自己的人。」想要愛自己，首先必須尊重自己。尼采說，高貴的人會對自己抱持敬畏之心。你有多尊重自己呢？

人是一種講究關係的存在。一個人被獨自留下來會使人感到不安，因此人必須持續與他人建立關係。但唯有懂得愛自己的人，才能與他人交流、分享。因為他們知道自己擅長什麼，因此能給予別人好的影響。當我跟別人分享自己的愛，收到那份愛的人也會將愛歸還給我。但不愛自己的人便不了解自己，連自己都不了解自己，又有誰會了解、相信你呢？這樣的人，很容易受到他人的言語和行為影響。最後會使得所有人都離開你，只剩下你一個人。因此，愛自己其實就是與他人好好相處的起點。

尼采在《查拉圖斯特拉如是說》裡說：

「你是顆偉大的星星！但即便你的光芒四射，若沒有人承接光芒，那你的幸福又在何方？」

到了人生中期，若還不曾為自己而活，我們很容易會有自我貶低、自我厭惡等負面情緒。若經常覺得自己在經濟、學歷、外表上不如他人，就更會習慣性認為自己低人一等。這樣的自卑感，源於你始終無法接受自己原本的樣子、始終為了迎合他人標準而活。不要拿自己與他人比較，也不要羨慕他人。我們的身體屬於自己，靈魂也屬於自己。當你認為自己是個珍貴的人，人生才會真正屬於你自己。我們必須決定自己的人生要怎麼活，才能找到真正的幸福。

隨時思考自己是怎樣的人

為了活出自我，我們必須隨時思考自己是怎樣的人。人生就像登山，世上的每一件事，都會在令我們無法看見前方的濃霧中發生。無法預測的人生縱使令人茫然，我們依然要繼續向上爬。尼采在《人性的，太人性的》第二卷中提到攀登真理之山這件事，絕不會是白費工夫。因為我們之所以努力鍛鍊，正是希望今天能比昨天爬得更高，明天能比今天爬得更高。

若想從人生的轉捩點開始讓自己活出自我，我們必須登上山巔看看自己的過往。我們要經常閉上眼，用心眼探索內心。當我們能側耳傾聽內在的自我，便能找到自己最完整的樣貌。人生的領悟會隨著你所在的高度，決定其深度與廣度。當你所站的位置越高，看世界的觀點也會更加開闊。所謂的活出自我，就是發現自我。每個人肯定都有一件擅長且最適合自己的事，我們不需要把自己侷限在框架之中，應該認同自己更多變的樣貌，才能真正通往活出自我之路。

隨心之所嚮

若想活出自我，我們做的事就必須是心之所嚮。我們處在人生的轉捩點，這也是讓自己進入新狀態的過渡期。過渡期的人生，會因為連續的上升與下降而不斷改變，因此總令人不安且焦躁。尤其當理想人生與現實間有段差距，自然會使人感到痛苦。

超人有如我們必須追求的夢想。尼采在《查拉圖斯特拉如是說》中，將人類比喻為「野獸與超人之間的繩索」。人類是超越野獸的存在，但超人是人類之上的存在。如同猿猴對人類來說是笑料一樣，人類對超人來說也是一種笑料。因此人類是野獸與超人之間的存在，也是從野獸通往超人的過程。我們是要往野獸的方向靠攏，還是往超人的方向前進，此刻正是抉擇的時候。

真正領悟自我存在意義的人

德國浪漫主義畫家卡斯巴・大衛・弗雷德里西的作品《霧海上的旅人》，畫的是一名男子站在畫面中央的峭壁上，身穿黑色外套，右手拿著手杖的背影。畫中這名男子，正在俯瞰遠方被濃霧所籠罩的山稜線，彷彿正在深刻地回顧自己過往經歷的時光。每一次看這幅作品時，這名孤單地站在大自然中眺望遠方的男子，總讓我覺得這或許就是尼采所說的超人。

敞開心門、開拓視野，發現自己真實面貌的那一刻，那份幸福感能使人生更加美麗。你想真正活得幸福嗎？那就先找出你真正理想的樣子，然後也必須隨心之所嚮前進。這是讓我們成為超越人類之人的強大原動力。成為超人，或許就是帶我們通往真正理想面貌的那條路。

許多人在人生初期便達成理想目標，之後便安於現實，過著渾渾噩噩的生活。而那些沒能順利達成目標的人當中，則經常怪罪世界、怪罪命運。這樣度過了人生的初期，會讓自己在人生中期變得非常可憐，對未來的擔憂與恐懼也更不會消失。

在追求新夢想的過程中，隨時都可能遇到不好的夥伴，也會持續遭遇不利的狀況，最糟的情況更可能徹底失去擁有的一切。但說來說去，能徹底把你人生毀掉的可怕敵人，便是潛伏在你內心的負面情緒。若被負面情緒所席捲，無法戰勝自己，就無法成為尼采所說的超人。絕不能因為夢想受挫而一蹶不振。要記住，當你擺脫安於現狀的人生時，你將擁有撼動世界的力量。克服自我的意志越是堅定，就越有力量抵抗恐懼與放棄對你的攻擊。等時候到了，你會發現自己已經不同，不再是當下的自己。

e

超人是時常勇於克服自我的人。

04

成為充滿熱情的人吧

• 權力意志 •

我們的價值評斷與財物清單，本身究竟具備多少價值？在這些東西的支配之下，我們產出了什麼？又是為了誰而努力？這樣的努力與什麼有關？這是為了生命。但生命為何？是故，需要對「生命」概念有全新且明確的理解。這便是我對生命的認定，生命即為權力意志。

節錄自《遺稿》

此時的你是什麼樣子呢？是在職場上「倚老賣老」，絲毫不知變通的人嗎？還是很晚才結婚，在家裡頭一手端著咖啡，一手推著嬰兒車哄小孩呢？或是已屆中年，卻依然沒有自己的房子、穩定的職場，依舊寄父母籬下的「袋鼠族」呢？

尼采受到叔本華的「意志」哲學影響，借用了他的「生命意志」概念，將自己所提倡的意志取名為「權力意志」。叔本華相信被動虛無主義，否定盲目的意志，對人生抱持悲觀的態度。尼采的哲學則是追求渴望獲得更多、渴望變得更加強大的權力意志，並提倡藉著上帝已死克服即將到來的虛無主義，是一種主動的虛無主義。尼采批評叔本華，認為生命意志中的自我存續欲望與種族存續欲望，不過只是為了保全自我的意志。

尼采的權力意志與叔本華所說的意志有著根本上的不同。權力意志並不是追求存活，而是起身對抗生命，創造新生命的原動力。

在內心發生的作用與反作用

尼采在《查拉圖斯特拉如是說》的〈一千個目標和一個目標〉當中，首度提及「權力意志」（Der Wille zur

Macht）。英文是「will to power」，翻譯成中文便是權力意志。此處的權力不是我們一般認知，具有政治意義的權力。

尼采將權力意志視為讓人能逃離絕望泥淖、克服自我的原理。他認為「人必須克服某些事物」，並強調人應該要克服自己。也就是說，藉著權力意志克服自我所達成的目標，就是成為超人。那麼，權力意志要如何作用，才能幫助我們克服自我？

尼采在一八八八年初的遺稿中，將權力意志定義為「內在本質的根本」。生命的一切，都隨著我們的想法而改變。因此現在的我，可說是過去的想法匯集、創造出來的產物。權力意志是「朝向力量的意志」，因此若世上所有生命均追求擴大自己的力量，力量也隨之增強，便能獲得快感。相反地，若力量變弱，生命自然會感到不快。因此，權力意志不是單純為生存所做的鬥爭，或為延續生命的自我保全衝動，而是要強化自己的力量，克服並使自我提升的生命意志。

為了讓讀者能更了解權力意志的性質，我在這裡舉一個例子。已經四十好幾的我，某天突然因為太喜歡寫作而決定成為作家。家人跟朋友都勸我，說我「明明很有才華，卻要給自己找麻煩」，也有人說「我這樣會害妻小跟著吃苦」。

這時，我能感受到兩種對立的權力意志在我內心運作。其中一種是追求增加力量的權力意志，另一種則是使力量減少的權力意志。假設「即便如此依然要朝作家這個夢想邁進」的想法是權力意志A，那「放棄作家這個夢想，繼續腳踏實地上班」則是權力意志B。

權力意志是作用（A）與反作用（B）的關係。尼采曾說權力意志有兩種震動，分別是正面與負面的震動，兩種震動分別存在於A和B之中。權力意志A與B，在我心中展開激烈對抗。這場對抗的結果，將會創造服從與命令的關係。在力量之爭中獲勝的權力意志，會藉著我人生的未來發展顯現。

假使權力意志A勝過B，讓我即便面對風險也要成為作家，那會如何呢？我會開始寫作，每年出版一兩本像孩子一樣珍貴的著作，感受孕育生命的喜悅。即便短時間內無法餬口，但我會在十年後成為暢銷作家，並在許多人面前演講。因為正面的意志A所發出的正面能量，自然只會帶來好的結果。花費在寫作上的每一天，我都能以正面樂觀的態度看待人生，即便面臨絕望，我也有戰勝的力量。

但若我服從權力意志B，選擇安於現狀的人生會如何？負面的意志B不斷作用，使我的人生越來越感到無力。依靠他人想法的人，終究無法成為自我生命的主宰。十年後，我說不定只能靠著寥寥無幾的退休金，勉強過完餘生。如上所述，權力意志並非滿足於當下的狀態，而是克服、提升自我的心態。

生命的權力意志

尼采在《查拉圖斯特拉如是說》裡說：

「為了使舞蹈的星誕生，人的內在必須要有混沌。」

所謂「舞蹈的星」，指的就是超人的生活。但尼采為何會認為要使跳舞的星誕生，人心就必須懷抱混沌？混沌，英文是「Chaos」，是無秩序的意思。在古代希臘詩人海希奧德的《神譜》中，卡俄斯（混沌）、厄洛斯（愛）、蓋亞（大地）以主角的身分登場。他認為，世

內在的正面意志與負面意志相互角力。
在這場對抗中獲勝的意志，將會成為我的生命。

間萬物都是由卡俄斯所創造。而尼采也認為要成為創造者，首先我們必須讓自己的心處在混沌狀態。那麼，我們要如何使專屬於自己的舞蹈的星誕生？尼采提供了他自己的方法。

「生命是權力意志。」

我們會為了自己的生命，而評斷這個世界的價值。尼采說，人類會為了保全自我而賦予事物價值，並且稱呼自己為「評斷者」。所謂的價值評斷，就是賦予事物意義的過程。既有的價值會經過價值評斷，誕生全新的價值；原本沒有價值的事物，則會透過價值評斷而產生價值。也就是說，支配人類生命的權力意志，是透過價值評斷展現。尼采說「所謂的價值評斷，或許就是創造」。因此，若沒有價值評斷，「那名為存在的核桃，就只是沒有內在的空殼。」換句話說，人類是創造價值的主體，渴望成為創造者的人，必須不斷破壞現有的一切。為了讓跳舞的星自混沌中誕生，創造者必須像鳥破殼而出一樣，摧毀過去老舊的事物。

傾聽呼喚自己的內在聲音

我們之所以不幸，是因為還沒找到自己的跳舞之星。無論是誰，都一定有屬於自己的幸運之星。那顆幸運之星，是自己的夢想、目標或願望。到了四十多歲，生活進入一定的穩定階段後還能擁有夢想，或許是種奢侈也說不定。所以有很多人會不再做夢，而是停留在原地。中年這個詞，不知為何令人感到悲傷。為何我們無法好好評價現在的自己？其實，我們都不清楚自己的價值究竟有多少。

尼采在《權力意志》一書中提到，「在生成之中烙印存在的性格，便是權力的最高意志。」也就是說權力意志所做的事，便是烙印個人存在的意義。世界無時無刻都在變，人類會順著變化持續改變。昨天的自己和今天的自己、十年前的自己和現在的自己，都絕對不是同一個人。因此我們每一刻都要問自己：「我是怎樣的存在？」尼采說：「你們要總是朝著希求之處前進，然而在那之前，你們首先要成為能夠希求之人。」

人生的每一個問題，答案都在自己身上。此刻，我們正位處有利於成功的位置，若放棄了夢想，人生的狀況就會改變。若沒有夢想，你便無法獲得嘗試全新體驗的機會。千萬不能因為年紀稍長一些，就停滯不前或放棄挑戰。試著去感受在你內心蠢動的權力意志與生命力。此刻，是讓潛藏於你內心的潛力、能將你的存在不斷烙印於世界的潛力盡情揮灑的時刻了。為了展露自己的才能，你必須日復一日地學習。學會並熟悉自己最擅長的事、最喜歡的事，便是能讓人生中期過得更有意義的方法。試著評斷自己的價值，看看你希望別人如何記得你吧。權力意志就是不安於現狀，配合持續改變的生命，為自己的存在賦予意義的過程。

e

朝著各自的星邁出步伐吧。

為了展現自己的才能，

日日都要持續學習。

05

放火燒了你的小屋吧

• 顛覆所有價值 •

我的課題就是替偉大的正午做準備，那是人類迎來最好的自我省察的時刻。人類將懷念過去並展望未來，擺脫偶然與自私的支配，第一次向全體提出「為什麼？」「基於什麼目的？」的提問。

節錄自《瞧，這個人》

從一八八六年到一八八九年一月三日在卡洛・阿爾貝托廣場因精神失常倒下之前，尼采出版了很多著作。《善惡的彼岸》、《道德譜系學》、《偶像的黃昏》、《反基督》、《瞧，這個人》等，都是他在短時間內發表的作品。他之所以會在短期內發表這麼多作品，都是因為他為了「重新評價所有的價值觀」（Umwertung aller Wetre）而寫出數量龐大的未完成手稿，那些手稿都是尼采在籌劃的著作《權力意志》。

自一八八五年起，他便為了樹立自身哲學的架構，而開始籌備以「重估一切價值的嘗試」為副標題的代表作——《權力意志》。直到一八八八年夏天，尼采都為了完成這本著作而埋首於書寫，並為了文稿的排列而擬定了無數個企劃。雖然他當時受嚴重的憂鬱症所苦，但他仍從這本自身思想集大成的作品中得到了勇氣。

《權力意志》的出版計畫一直持續到一八八八年八月，最終尼采放棄了。他開始規劃另一本截然不同的書，也就是總計多達四卷的「顛覆所有價值」系列。而這個系列的第一冊《反基督》，是他唯一完成的作品。最後，尼采在沒能完成原本的代表作《權力意志》與「顛覆所有價值」的情況下，進入了精神不穩定的時期。但尼采後期想傳達的「顛覆所有價值」的思想究竟為何重要，其實他都已經透過《善惡的彼岸》、《道德譜系學》與《反基督》充分說明。

從一八八七年到一八八八年初，尼采為了《權力意志》所寫的手稿，在後來經過尼采的妹妹伊莉莎白恣意挑選、編輯，出版成《權力意志》這一本書。

要跟隨他人的原則到何時

尼采說，人類為了不讓自己的作為太像動物而戴上許多枷鎖。也多虧於此，人類比其他的動物都要溫馴、知性、活潑，同時也更深思熟慮。同時，人類也因長時間配戴枷鎖而失去自由，至今都在受苦。這裡尼采所說的枷鎖，究竟是什麼呢？就是兩千年來支配西方的道德、宗教與形而上學等觀念，還有藏在這些觀念之中既沉重又巧妙的錯誤。

尼采在《瞧，這個人》中提到，人類必須回顧歷史，擺脫偶然與自私的支配，提出「為什麼？」「基於什麼目的？」等疑問。這裡「偶然與自私的支配」，是指以二元論為基礎的柏拉圖主義，以及基督教支配之下的生命價值。

自從柏拉圖提出形而上學的觀念之後，重視「理念世界」，否定人所處的「現象世界」的價值，便一直支配著歐洲人。當時人們也只重視人類的靈魂，輕視人類的身體。尼采認為，基督教是「給普通人的柏拉圖主義」，並替人類植入了罪惡感。比起充滿痛苦的物質世界，基督教更重視永恆不變的天國。

因此尼采想透過「顛覆所有價值」，顛覆既有的形而上學，替哲學思維帶來新的觀點。這是貫穿尼采哲學大半內容的思維，也曾在《偶像的黃昏》序文裡登場。尼采的上帝已死、超人、權力意志、永恆輪迴等思想，都與顛覆所有價值這個思維有著緊密關聯。他透過上帝已死，主張人應該更重視物質世界而非屬靈世界，並且重新評價人們至今推崇為最高價值的事物。此外，他也懷疑道德價值、形而上學價值、宗教價值等，這些一直以來支配生命的觀念所具備的正當性。所以人們才會認為他顛覆了西洋哲學的根本，稱他為「顛覆的哲學家」。

尼采說，藉著顛覆所有價值，將可以讓擺脫這些枷鎖的高貴之人，呼吸到乾淨的空氣、保障精神的自由。換句話說，人類終於能夠達成從野獸到人類、從人類到超人這個最初的、最遠大的目標。唯有擺脫枷鎖之人，才有資格說自己是為生命的喜悅而活。

擺脫枷鎖的方法

懷疑自己現在所知的一切是否真的可信

許多人的生活，都是相信並追隨他人所創造的原則與方式。因為我們大多都相信並遵從這些原則，因此從來不曾提出質疑。要做出與眾不同的行為、提出與眾不同的想法，並不是件容易的事。因為習慣性接受、聽從老舊的既有價值，對我們來說更為輕鬆、更為熟悉。

尼采藉著顛覆所有價值，表明我們需要認真去質疑，至今引領我們生命的價值是否得當。顛覆所有價值，都是將人類至今所堅信的生活方式當成問題。尼采在《人性的，太人性的》第二卷中，曾經這樣說明相信自己一事：

「如今為了得到信任，需採用以下的處方：千萬不要珍惜你自己！若希望你的意見能沉浸在值得信賴的光芒之中，首先必須放火燒了你的小屋！」

尼采為何會說要放火燒了自己的小屋？這裡尼采所說的「小屋」，又是什麼意思？所謂的小屋可能代表我們深信至今、從不曾懷疑的價值體系。小屋裡有著我們至今茫然相信的一切，例如某種信念、理念、良心等精神價值。然而即便我們如此珍視這些價值，卻依然不清楚小屋裡為何會有這些精神價值，因為我們從來不曾對這些價值提出過質疑。

到了四十歲，我們需要懷疑自己一直深信正確無誤的精神價值。現在的我，是過去引導我的人生觀與生活方式所創造出的成果。因此若不跟這些被認為是不變真理而盲目熱愛的一切道別，未來將會依舊是現在的模樣。因此尼采才會在《人性的，太人性的》第二卷中提到，「你至少要有一次，與你試圖認識、試圖測量的東西道別。」

當道別並遠離熟悉的事物時，你才能看到那條街上除了你的房子之外，還有多少高聳入雲的高塔。也就是說，不要在近距離去看你認識的對象，而是要離得遠一點去觀察。站在塔裡的時候，你不會知道那座塔有多高。你必須走到遠方，才可能看見那條路上的塔是多麼的高聳。為了懷疑長久以來被我們視為真理的事物，我們需要稍稍拉開距離，從客觀的角度看待那些東西。為了讓自己的意見值得信賴，你必須察覺自己思想上一直以來的謬誤，並將其轉換為新的價值。

換一種方式對真理提問

我們總認為真理更勝謊言、善良更勝邪惡、美麗更勝醜陋。過去，西洋哲學的形而上學總會問何謂真理、何謂至善。尼采在《道德譜系學》中提到，「人們藉著獲得這些『價值』所具備的價值、藉著那些事實，認為自己不需要去懷疑。」

尼采「懷疑」世上所有被讚頌為道德的事物。對於被哲學家們認定為真理的哲學概念，他總是不斷質疑。也因為他這樣的質疑，他不得不去問善與惡究竟源自怎樣的真實，他必須對「人是在怎樣的條件下，判斷所謂善與惡的價值」提出質疑。尼采的提問，並不是想探究「最終什麼才具有真正的價值」。他在《善惡的彼岸》中說道：

「我們內心渴望什麼真理？」

「為何不渴望非真理之物？」

「為何不渴望不確實之物？」

「為何不渴望無知？」

尼采希望我們提問的方式，不是「真理為何」，而是「為何我們會認為那是真理」。尼采問，究竟是擁有什麼樣的價值，才會讓我們認為那是真理？不是「真理為何」，而是希望我們以「究竟為何」、「基於何種目的」的方式提問。因為尼采相信，既有哲學所主張的、人們普遍應該遵從的絕對真理不該存在。舉例來說，我們應該用下面這種方式提問：

從「愛是什麼？」改為「我們為何非要去愛？」

從「美麗是什麼？」改為「我們該如何才能感受到美麗？」

從「人生是什麼？」改為「我們該如何能夠活出更幸福人生？」

從「人類是什麼？」改為「人類該如何克服困難？」

也就是說，尼采是想藉著顛覆所有價值，重新設立判斷對與錯、善與惡、美與醜的標準。

否定既有價值，創造新價值

尼采所說的顛覆所有價值，雖是否定既有價值，但並不只有否定。顛覆所有價值反倒是能轉換觀點，使人生更加積極的工具。顛覆所有價值可以說是「為所有價值進行價值轉換」與「設定新價值」，同時也是克服虛無主義與厭世主義，拆解所有否定生命的既有價值體系，為生命建立全新價值基礎的嘗試。若不評斷既有的價值，便無法創造新價值。

進入四十歲，面對多次的失敗與挫折，人們會看見自己的極限。隨著不如意的事情越來越多，人們會開始懷疑自己、對自己產生不信任。從結果來看，在與生命的對抗之中，歷經幾次的勝利、幾次的失敗後，人到中年心理上便會產生極大的改變。

當我們太過忙碌，沒有時間好好檢視自己時，我們的靈魂便會受傷、乾涸。會突然對一直以來深信不疑的政治、社會信念、價值觀、喜好與原則產生質疑。視個人與情況的不同，有些人會逐漸習慣原本的信念，進而發展成刻板印象與偏見。這世上沒有絕對的事，人生或許就像尼采所說的，總是充滿錯誤也說不定。但你如果能因生命的錯誤而感到不適，那才有可能成長。

唯有擺脫枷鎖之人，

身心才能完全得到自由。

06

愛你的命運

• 命運之愛 •

我想多加學習如何以更美麗的角度看待事物的必然。這麼一來，我便能成為使事物更加美麗的人之一。愛你的命運吧。從今往後，那將會成為我的愛！我將不會對抗醜陋，將不會批判醜陋，更不會批判批判之人。轉移目光將是我唯一的否定！我將成為最為積極肯定之人！

節錄自《快樂的科學》

尼采於一八八三年二月完成《查拉圖斯特拉如是說》第一卷，並在一八八五年四月完成第四卷的出版。尼采認為這本書是他最重要的作品，遺憾的是沒能在當代獲得認同，每一卷都賣不到一百本，第四卷的四十本甚至是自費出版。即便如此，尼采依然認為自己的時代尚未來到。他預言總有一天，將會出現許多解釋《查拉圖斯特拉如是說》的教授職位與機構，幫助人們學習他所理解的人生觀和教誨。尼采這樣的自信，是源自於他真正愛自己的態度。

「命運之愛」，Amor fati是形塑尼采思想核心的關鍵之一。命運之愛意為「愛你的命運」，首度在《快樂的科學》的〈致新年〉中出現。迎接新年時，人們都會說出自己最大的希望，而尼采也藉此說出自己的新年願望與信念。在這個時候，閃過他腦海的便是對「命運（Fati）的愛（Amor）」。

命運之愛，真正愛你自己的方法

尼采認為命運是「在未來的人生裡，能使自己有所依靠、獲得保證與感到甜美的想法」。既然如此，愛自己的命運又代表什麼意思呢？

學習如何用美麗的角度看待必然的一切

尼采認為對命運的愛，用美麗的角度看待生命中必然發生的一切。以美麗的角度看待一切的必然，便能接受那些無可避免之事，也是能以正向態度完整接受自身命運的姿態。即使生命中充斥許多我們無力改變之事，仍要坦然走在那條注定的路上。

活到超過四十歲，許多時候我們都面對比過往更大的困難。但即使在人際關係、愛情、感情、工作、健康等問題上遭遇痛苦，我們仍需以接納且認同的態度面對。尼采也曾歷經與華格納的訣別、被莎樂美所忽視的愛、與妹妹伊莉莎白的不和及一再反覆的疾病，這些痛苦都使他的人生無比疲憊。然而他卻決定以正向的心態，面對每一個新的一天。他說：

「我還活著，我還在思考。」

若無可避免、必須面對之事就是命運，那我們所該做的不是忍受，而是該學習如何以美麗的角度看待它。尼采在《尼采反對華格納》一書中提到：「從高處看，一切便是必然。在總體經濟的意義上，所有事物其本身均有用處。」在同一本書中，他還說：「因自己所經歷的痛苦而深受折磨之人，所知曉的事物遠比世上最為聰明、最為賢明之人要更多。」

感謝的力量能讓我們將生命視為美麗之物。人生在世，我們難免會遇到失業、失戀、失敗、離婚等不幸，但可別就此埋怨命運、詛咒命運。尼采在《尼采反對華格納》中說道：「我經常自問，在比任何時刻都要艱困的人生時期，我是否反倒需要更加感謝。」

不與醜陋之物對抗

忙得暈頭轉向、筋疲力盡的一天結束後，入睡之前，我們經常會感受到自己一整天壓抑的情緒重量。在職場上遇到棘手問題而面臨困境時、被職場上司或下屬無視時、因為無理取鬧的顧客而承受壓力時……我們經常會因衝突所造成的傷而夜不成眠。

只是越與這樣醜陋的事物對抗，情緒的垃圾便會越在心中積累。因此尼采說，如果要愛你的命運，就不該與醜陋之物對抗。若持續被負面情緒影響，你不僅將會錯過好機會，更會使你創造的能源與活力被洗劫一空。

不去批判，也不去批判批判之人

人們常說，現在的人生是自己一連串選擇的結果。

然而，生命中也有許多事不容選擇。例如出生的國家、自己的父母、外表、天生的才能、病毒等災難造成的事業失敗等，都是無可避免之事。尼采說，即便無法對這些無可選擇之事的結果感到滿足，也絕對別去批判。

肯定人類自由意志的哲學，認為人只要努力便能成功。因為人的命運並不是注定的，而是人人都能活出自己想要的結果。但也正是因為這樣，提倡自由意志的哲學會去責怪失敗的人，認為「都是因為你努力不夠才會失敗」。

尼采稱呼這種思想為「定罪的哲學」。他在《偶像的黃昏》中提到：「與意志有關的學說，其本質是以處罰為目的，即是著眼於找出人所犯下的罪孽。」我們應該要像尼采說的一樣，從此刻起不再責怪自己，也不去責怪他人。命運之愛不僅是要我們不批判他人，更是不批判自己。若是自己無法選擇之事，就不需批評自己，更不需要為此辯解，不是嗎？

要認為世界上沒有什麼注定之事

尼采說「愛你的命運」，並不代表命運之愛是一種宿命論。所謂的宿命論，如字面意義所述，是認為許多事從出生起便已經注定的理論。宿命論認為人無法依靠自由意志與努力改變自身命運，這使人在面對生命時變得無力。也因此失敗的人會將結果歸咎於命運，並以被動消極的態度面對人生。宿命的人生，與我們所應追求的超人生活實在相差太遠。尼采的命運之愛，說的是接納自己命運原本的樣子，並將命運視為成長的機會。

尼采在《人性的，太人性的》第二卷中提到，成功導向的人不會聽從「認識你自己」這樣的格言。他們只會依照「渴望你自己，然後成為你自己」的命令去行動。既然世上沒有早就注定的事，那麼自己也不會早就注定是什麼樣子。一個人的面貌，只會依照他的理想而改變。一個人要積極夢想讓自己變成理想的模樣，才能從命運女神手中得到更多選擇權。

今天的我是昨天選擇的產物

人的一輩子經常會遭遇困境，使得自己的肉體、精神感到無力。一個工作穩定的中年人可能突然被公司要

若命運無可避免，就寬大地去愛吧。
然後要更深刻地感謝它。

求名譽退休，一個一帆風順的人可能一夕之間事業失敗，一個健康的人可能會突然罹患不治之症，沒剩多少時間可活。尼采在《快樂的知識》中提到：「巨大的痛苦才是精神的最終解放者。」痛苦的生命會使我們更有深度。

無論生命如何使人疲倦、如何折磨人，我們都要樂觀正向地接受自己的命運。那我們該如何去愛痛苦的命運？那就是必須要有熱情。熱情在德文中是「Leidenshaft」，這個單字其中包含了代表痛苦的「Leiden」，也就是說熱情的前提是無可避免的痛苦。熱情這樣的情感，總是同時伴隨著痛苦與喜悅。對生命的熱情，即是無論生命如何痛苦、難受，都要克服它的態度。

但年紀越大，人們對生命的熱情就更加不如年輕的時候。因為青春時期的我們對「人生中重要的事物」仍懷有熱情，卻在年紀漸長後逐漸失去了這份情感。尼采在一八八〇年的遺稿中，以「什麼事對我來說都很重要！」這樣一句話，來表達何謂真正的熱情。到了人生中期，重要的是要再次找到能讓我們投注熱情的目標，因為熱情是克服痛苦人生的強大手段。

尼采在《快樂的知識》中說：

「對你來說，什麼是每天的歷史？回顧你建成歷史的模樣吧！那是無數微小的卑劣與怠惰的產物？還是勇氣與創造理性的產物？」

如上所述，尼采的問題告訴我們，現在是我們該做決定的時刻。是要選擇對生命的愛和旅程，還是要選擇對生命的恐懼與不安？我們正面臨必要的抉擇。

在人生最痛苦的時期，人人都會經歷比以往更多的失敗與挫折，但究竟有多少人能去愛自己悲慘的命運？或許大多數人過往的熱情早已消失無蹤，甚至失去了對生命的欲望，只剩下對過去的後悔與對未來的擔憂。

但即便我們因為一灘翻倒的水而感到後悔，也無法讓這灘水重新回到水桶裡。尼采說：「後悔使愚蠢更加愚蠢。」無法讓過去錯誤的選擇往更好的方向發展，一再陷入絕望與後悔之中，也無法解決任何擔憂與後悔。等時間過去，人們便會明白，自己陷入危機與困境的時刻，其實都是為了獲得巨大祝福的一個過程。因此唯有接受過去，我們才能繼續向前。這也是為什麼尼采會說：「我們必須學會時常失去自己，再重新發現自己的方法。」

要人學習如何愛真正的自己，

並不只是為了今天與明天的口號。

07

跨越永遠，永不停歇，從頭再來一次

• 永恆輪迴 •

萬物皆去，萬物皆返。存在之輪將永遠轉動。萬物皆死去，萬物皆綻放。存在的歲月永遠流轉。萬物皆殘，萬物皆新。存在的房子永遠重建。

節錄自《查拉圖斯特拉如是說》

深夜，在陌生的街道上散步，有時會突然覺得自己過去曾經走過這條路。跟妻子初次見面的那天，看著妻子的臉，我也感覺似曾相識。我們會不會曾經一起在其他星球生活過，分離之後在這一刻重新相遇？

明明是第一次經歷，卻有曾經見過這個場景的感覺，稱為「既視現象」。我們都稱呼這種情形是命運的相遇，那所謂的命運是什麼？真的有所謂的命運嗎？如果真有命運，那是什麼決定了命運？如果命運是天生的，那有沒有能改變命運的方法？

尼采在《瞧，這個人》當中，回憶自己突然領悟永恆輪迴這個思想的那一刻。一八八八年八月的某個夏日，他在席爾瓦普拉納湖旁的森林裡散步。當他來到距離蘇爾萊伊小鎮不遠處，一塊如金字塔般聳立的岩石旁，永恆輪迴的理論閃過他的腦海。尼采認為，永恆輪迴是《查拉圖斯特拉如是說》的根本思想所能到達的最高境界。

能夠一再重複過著這樣的人生嗎？

「永恆輪迴」（Ewige Wiederkehr des Gleichen），是同樣的東西以同樣的面貌一再反覆、重來之意。尼采《快樂的知識》這部作品裡的格言〈最大的重量〉，將永恆輪迴的思想說明得淋漓盡致。尼采假設了一個狀況：受困在孤獨之中的你，惡靈有時選擇在白天，有時選擇在黑夜來到你的身後。惡靈問你：「你願意再活一次這樣的人生，願意無數次重新來過嗎？」如果你必須一再重複過著現在的人生、從頭再來一次，你會如何？

基督教以阿爾法（Alpha）和歐米茄（Omega）兩個符號說明世界的始末。換句話說，西方的世界觀是線性的，是從象徵起始的阿爾法，單向通往象徵終末的歐米茄。

但在永恆輪迴裡，沒有一樣東西是新的。此刻我們所經歷的所有痛苦、快樂、擔心與憂慮、各種大大小小的事，全都會一個不漏地一再重來。不光是那些愉快、幸福的事，那些痛苦、難受的事，也會以同樣的順序和脈絡反覆。尼采說「萬物皆去，萬物皆返」，就像當沙漏裡的沙子全流到下方，沙漏便恢復原狀一樣，永恆輪迴思想的時間觀念是循環的。尼采將我們只能永恆輪迴的命運，比喻成「永遠轉動的存在車輪」、「永遠流動的存在歲月」、「永遠都會重新建起的那一棟房子」。即便最終都要分開，我們仍要相遇、仍要互相問好。這個封閉環形的永恆循環運動，將無止境持續下去。

尼采在一八八四年的遺稿中提到，對終將死亡的人類來說，永恆輪迴具有一致性。我們死後，靈魂跟肉體都會消失，但若哪天重生，我們將不會獲得新的人生、更好的人生或跟上一次相似的人生。重生之後，生命中最細小到最遠大的部分，都將會與已經結束的人生一模一樣。因此我們無法在漫長的人生中，選擇自己想要度過的部分，也無法只活這一次，必須不斷重複過著同樣的生活。但尼采為何會用永恆輪迴這樣極端的虛無主義，來定義我們的人生？

尼采在《查拉圖斯特拉如是說》當中，曾經提過一條永遠都必須回來的小路。查拉圖斯特拉對矮人說：「看著這條穿過城門的路！」城門上頭寫著「瞬間」，在這座名叫瞬間的城門，你會遇見兩條路。你所站的地方後頭，有一條長長的路延伸出去，而這條路便是我們一路走來的過去。你所站之處面前的那條路，則是從來沒人走到盡頭，又必須要走下去的未來。我們正站在過去與未來的焦點，也就是站在現在這一瞬間。現在這一瞬間，將會在時間的永恆流逝裡永遠持續下去。

那麼，查拉圖斯特拉為何要我們看「這一瞬間」呢？因為那是在提醒我們，如何擺脫因永恆輪迴思想而陷入極端虛無主義的人生。這條似曾相識的小路、在月光照耀之下緩慢爬行的蜘蛛、月光、膩在一起輕聲低訴永遠的你和我，我們所有人都像早就存在於這條穿越城門的小路上，因而發生了既視現象。而當下這一瞬間，我們也依舊沿著眼前那條狹長的小路走去。尼采真正想告訴我們的，是「在我們的生命中，當下這一刻永遠不會重來」。

存在於每一瞬間的開始

當下這一刻我正在寫作。當下這一刻，我正喝著一杯香氣四溢的咖啡，聽著愉快的音樂。當下這一刻，我走在綠意盎然的山間。生命就是如此，是由每一刻的碎片拼湊而成的結果。尼采說「每一瞬間，都是存在的開始」。我們活在瞬間，但諷刺的是，我們也無法只活在瞬間。幼時曾經遭逢巨大創傷的人，經常無法擺脫創傷，只能一直活在過去。而被巨大欲望所掌控的人，則會因為對未來的期待與恐懼，無法好好活在當下這一瞬間。為了過去與未來，許多人都在虛度當下這一刻。忠實度過每一刻，絕非是一件簡單的事。

我們實際所在的地方，並非過去也非未來，而是「此時此地」。一個活著的人，絕對無法脫離現實世界。我們只能存在於當下這一刻，無法存在於其他地方，所以尼采才會說「要愛這個世界」。過去與未來，都是由現在這一瞬間所決定。同樣的事情一再反覆，那會是詛咒還是祝福，都取決於這一瞬間。因此只要沒有虛度此刻，那我們雖無法讓人生回到過去，卻能夠將其改變。換句話說，我的命運將因為不虛度此刻而變得不同。因此若真正想改變命運，就必須專注、腳踏實地活在當下這一刻。當你真正存在於此刻，命運才會真正地活起來。

尼采在《查拉圖斯特拉如是說》裡說：

「啊，我的靈魂。如今沒有一個地方能找到如此有愛、如此寬闊、如此廣大的靈魂！未來與過去如此與你緊密連結，還有哪裡能比得上你？」

我們活在這世上，卻始終忘記生命不會從頭來過的事實。人生初期，我們都以為人生很長，因此覺得我們手上握有的瞬間微不足道。在那個時候，我們的人生從沒有盡過全力。

到了人生中期，我們又有多麼珍惜當下這一瞬間呢？四十多歲的我們，已經來到一個還算穩定的地位，卻也不再繼續做夢。事實上，我們也沒有餘力去做更大的夢。根據尼采永恆輪迴的思想，安於現狀的人，即使到了下一次人生，也依然會繼續過得這麼無力。但無時無刻懷抱熱情夢想，渴望獲得更高成就的人，無論重來幾次，都能活出持續向上提升的人生。因此當下這一瞬間，對我們來說就是最重要的。

超越時間的樂觀

我們正面臨關鍵的時刻，不得不在兩種生命的態度中擇一。其中一種是落入痛苦與絕望之中，這一次人生乾脆放棄，期許下次會更好的態度。但尼采的永恆輪迴思想卻重挫了「下次會更好」的期待。他警告我們，若活得像現在這樣隨便，即便再重來一次，也會是同樣的結果。到頭來，若選擇放棄這一次的人生，那無論人生重來幾次，都將毫無意義，更使人深陷在絕望的泥淖中。

另一種則是樂觀的態度，認定這一次的人生就是最好的人生。永恆輪迴思想帶我們面對「若一切將永遠重複，我是否仍會愛這段人生？」這個問題。也就是說，永恆輪迴思想會延續到「命運之愛」的概念，要我們樂觀、愛惜生命中必然會遇到的事物。因此「若人生再重來一次、再重來無數次，我是否仍會願意活下去」的問題，可以換成：「你有多麼愛你自己和你的人生？」

現在對我們來說，尼采的永恆輪迴思想在理論上是對、是錯並不重要。重要的是保持樂觀態度，即便痛苦的人生無限反覆，我們仍然不會陷入絕望，反倒會覺得這樣的人生最好。尼采認為，只要在當下這一刻盡全力去活，人便能決定自己的命運。因此或許我們能夠透過永恆輪迴的思想，改變原來注定的命運。

尼采的永恆輪迴是一個思想上的實驗，要求我們選擇放棄痛苦的人生，還是重新賦予痛苦人生最好的意義，並進一步去克服。若選擇克服，便是尼采口中握有權力意志的超人的人生。超人藉著永恆輪迴的思想接納人生，不再為人生感到痛苦。人生是一連串痛苦的瞬間，不會有人渴望這樣的人生永遠重來。讓我們跨越永遠，永不懈怠地高喊「再來一次」吧。

超人是從過去與未來中解放的自由之人。

超人最珍惜的便是當下這一瞬間。

第二章

為何必須找到自我

尼采的命運管理論

01

我們需要神聖的樂觀

• 精神的三階段變化 •

我試著對他們說明精神的三種變化。要如何才能使精神成為駱駝，使駱駝成為獅子，使獅子最終成為小孩。

節錄自《查拉圖斯特拉如是說》

如前面我們所了解的，「上帝已死」的宣言是尼采哲學的起點。為了克服因上帝已死而來的虛無主義，尼采提出了幾種哲學觀點。

首先，他向人們提出「超人」這個目標。為了克服自己並成為超人，人類必須要有「權力意志」。為了顛覆既有的形而上學理論，創造全新的價值，他提出「推翻所有價值」的方法。即便目前的人生無數次重新來過，超人仍然能夠樂觀接受「永恆輪迴」。即使生命十分痛苦，仍不會感到絕望，能夠堅持「命運之愛」，愛著自己的命運。一個人如果不愛自己現在的人生，那永恆輪迴思想與命運之愛這兩個概念便無法成立。因此接在這兩種思想之後登場的「酒神精神」，便是樂觀的接受世界原本的樣子，可謂是最高境界的樂觀形態。

上帝已死

↓

虛無主義

↓

超人

↙ ↓ ↘

權力意志　顛覆所有價值　命運之愛

↘ ↓ ↙

永恆輪迴思想

↓

酒神精神

尼采的哲學原理

尼采希望我們的生命，可以「克服自我」。他最核心的哲學主題，就是「自我克服」。自我克服唯有透過自我變化、精神變化才能發生。尼采認為嘗試克服自我的精神進步與發展，也都有一定的階段。在《查拉圖斯特拉如是說》當中，尼采藉著查拉圖斯特拉的嘴，將「精神的三階段變化」分別比喻為駱駝、獅子與小孩。經歷過這種精神改變的人，便能達到人類所應追求的最樂觀境界——超人。

精神成長的三次變化

尼采在書中說明，人的精神如何成為駱駝，駱駝如何成為獅子，而獅子最終又如何成為小孩。

我必須去做：駱駝精神

首先是精神變為駱駝的「駱駝精神」階段。駱駝的精神是背負沉重的行李，咬牙苦撐的人生態度，也代表著強韌的精神與耐心。駱駝總是以不帶任何希望的語氣說「我必須去做」，並遵從主人的命令。如同扛起無比沉重的行李越過沙漠的駱駝，我們的人生也背負著重擔。此處的重擔，代表的是傳統哲學與宗教拿來要求人類的真理、道德、信念、習慣與規律、對神的順從與信任等。

站在追求自由精神的尼采立場來看，精神成為駱駝，其實是比喻現代人充滿奴性的一面。駱駝精神會讓人埋首於日常生活、安於現狀，並且認為現狀就是最好的。無法以批判的態度看待人生，宛如井底之蛙一般受困於狹窄世界中的駱駝精神，或許就是尼采所說的末人。

駱駝精神的問題，在於無法得知自己認知的範圍很窄。所以無論背負的行李再重，駱駝都只會反問：「這些哪裡重？」默默承受這些重量，從來不會拒絕。因為有著駱駝精神的人，始終認為自己深信至今的事情便是真理，因此無法感受改變的必要之處，同時也抗拒改變。所謂的駱駝精神會使人一心認為，日復一日的揹著沉重的行囊便是自己的生活。無論背上的擔子再重，都會義無反顧地橫越沙漠。

我想去做：獅子精神

第二個階段則是「獅子精神」。查拉圖斯特拉說：「在孤單至極的沙漠之中，將會發生第二次變化。」在孤寂的沙漠裡，駱駝精神終於變身為獅子精神。獅子象徵自由精神，獅子精神會使人為爭取自由而成為沙漠之主。因此人們會開始否定、破壞自己一直背負的重擔。獅子將與牠最後的主人——巨龍展開戰鬥。

獅子藉著贏得與巨龍的戰鬥，對抗「你應當去做」的命令，成為「我想去做」的自由意志主宰。獅子精神代表的是主觀意志明確，不糾結於世俗的價值、追求自由人生。不過，雖然獅子精神為了創造新價值而爭取自由，但這只是破壞了既有的價值，並沒有創造新的價值。

最專注的投入：小孩精神

第三個階段是「小孩精神」。現在，該是由獅子精神成長為小孩精神的時候了。這裡所謂的小孩精神，指的是像孩童盡情玩樂一樣，樂觀正向地度過人生之意。

最後的變化階段，也就是小孩精神，便是為了克服自我所抵達的最高境界。尼采以「純真的無辜」、「遺

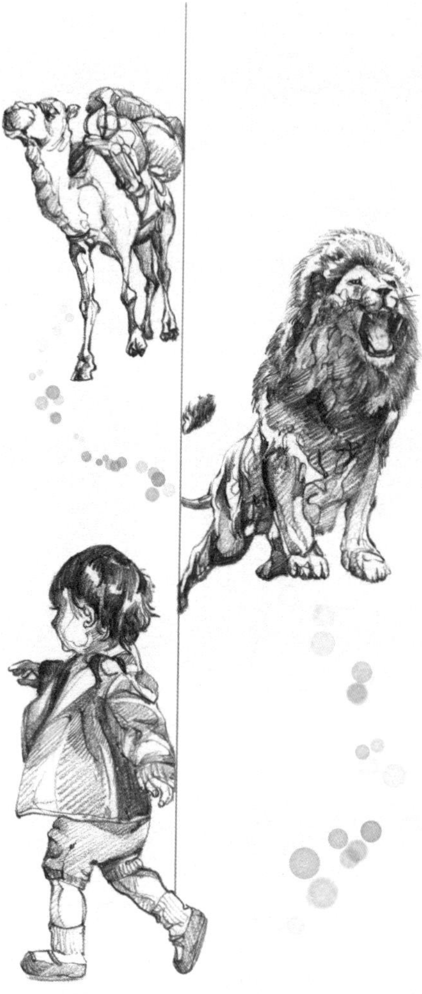

從服從狀態到自由狀態，再到神聖的樂觀狀態，
我們可以靠自己的力量，抵達克服自我的最高境界。

忘」、「新的出發」、「遊戲」、「自行轉動的車輪」、「最初的動作」、「神聖的樂觀」等七個詞，來形容小孩精神的特徵。

所有問題的解答都在自己心中

「搶奪的獅子為何必須成為小孩？」

尼采自問，然後自答：

「為了進行創造這種遊戲，我們需要神聖的樂觀。」

因為唯有在精神上成為小孩，我們才能成為創造自我世界的人。從不曾接受任何人指使，便能自主專注在遊戲上的純真小孩，尼采看見了創造者真正的姿態。小孩遇到不滿意的事就會哭、會耍賴，但他們也很快會忘記這些不愉快，再次開心地投入遊戲之中。小孩天真爛漫的笑容，純真、無辜，沒有一絲髒污。

但人到了中年，真有辦法像小孩一樣，以純真無邪的目光看待世界嗎？人到了中年，要再去創造些新的事物並不容易。我們依照熟悉的方式去尋找各式各樣的出路，最終卻抵達人生的死路。這時尼采告訴我們，要像小孩一樣把過去的所作所為都忘記。忘記過去熟悉的一切，讓自己進入陌生的環境之後，我們才能發現自己的創造力。而這正是尼采所提出的，唯有人類才擁有的「能遺忘的力量」。就像每次都能以全新自我去面對遊戲的小孩一樣，我們要讓自己回到最初，為自己開啟一條新的路。

寒冷的冬天過去，溫暖的春天到來，山與河、樹與根、葉與花，自然的萬物都充滿生機。如同新的春天充滿創造力，我們的精神能夠持續為這個世界的創造做出許多貢獻。充斥在我們與自然之中的創造力就有如上帝，即便外在的世界衰敗，我們的精神仍有能力可以重建世界。小孩的精神代表新的出發，渴望有新開始的靈魂低語，正不斷從我們內心傳來。我們必須練習用心靈之耳傾聽，因為所有的創造影像都已在我們心中建立，只需要從內在深處汲取出來。

即便我們的生命充斥不間斷的苦難，為了將生命打造得更加美麗，我們依然需要神聖的樂觀。經歷駱駝、獅子、小孩三次變化，我們終於成為超人。克服自我、成為超人的方法並不在外頭，而是必須往自身內在尋找。唯有自己，才能夠詮釋自我生命的意義。

人如何能活成自己的樣子

那麼，我們要如何進入自己的內在？在《查拉圖斯特拉如是說》中，查拉圖斯特拉說明了何謂最高尚的靈魂。

「是有著最長的梯子，能夠下到深淵最深處的靈魂。」

「是能夠毫不猶豫地跳入自身內心，能夠接納一切，讓自己能盡情在其中徬徨、徘徊的靈魂。」

「是能夠愉快接受偶然，世上不可或缺的靈魂。」

「是能浸淫、存在於世界之中的靈魂。是渴望能浸淫在意欲與熱情之中的靈魂。」

「是能夠逃離自身，在一個巨大的圓裡追趕自己，對自己的愚蠢說出最甜蜜話語的明智靈魂。」

「是能夠愛著其中所有事物的順流與逆流、漲潮與退潮，能夠毫無保留地愛自己的靈魂。」

擁有這樣高貴靈魂的人，就是尼采口中超越所有存在的人類——超人。

尼采在《瞧，這個人》裡，回答了「人要如何活成自己的樣子」這個問題。這個問題的前提，是一個人從未察覺自己原本的樣貌。尼采說：「在本能上，太早『認識自己』是危險的。」人類是具備無限可能的存在，在潛藏於自身內在的潛力依序發揮之前，我們不能先為自己設下限制。

但我們成長在偶爾會強迫人做夢的社會。其實在青少年時期，我們應該以開放的心態去接觸所有未來的志願、未來可能從事的職業。但在國高中時期所經歷的一切都與升學考試息息相關，人生的方向也早早被決定。進了大學後，學生們又為了進入好職場，花費大把時間累積個人經歷。不幸的是，我們這個世代，從不曾真正為自己夢想過。我們只是為了找到一份工作，而在短時間內將自己的夢想，調整往自己可能根本不想要的方向。至今我們都沒有足夠的時間，能讓潛藏於自身內在的能力，以更加成熟、完整的模樣展現出來。

現在的社會也依舊如此，我們依然活在一個使人徹底放棄夢想的社會。到了四十歲，我們再也沒有餘力夢想，於是比起改變，更只能安於現狀。現在是時候讓我們問問自己，過去究竟是想要什麼、追求什麼，而這一切是否真的如自己所想。

停下腳步，回顧一下自己走過的路吧。我們偶爾會走上岔路、偶爾會猶豫，偶爾會走上完全錯誤的道路。但尼采卻說，將努力與時間花費在與自身目標完全無關的地方，或許就能在那裡發現自己最好、最聰明的模樣。從這個角度來看人生，那過去的一切，甚至是錯誤似乎都有了價值與意義。

為了能夠完全活成自己的樣子，我們該要喚醒沉睡在內心的巨人。四十歲的我們，雖然仍無法預期自己的內心會長出什麼，卻已經是能夠開始用心傾聽的年紀。尼采在《瞧，這個人》裡說道：

「我不想要任何與自我相違背的東西，而我自己也不想改變。」

我們為何會對某些事情感到棘手？是什麼重重壓在我們肩上？人生在世，有許多我們所必須背負的重擔。我們能不能像孩子一樣，讓人生的重擔變輕，讓自己能活得更快樂？面對人人都肯定的事物，我們能否果決地說「即便如此，我依然否定」？

尼采所說的精神變化，就是不受任何拘束，在自由精神世界中的旅行。我們可以自己選擇要信奉駱駝精神、獅子精神還是小孩精神。也可以每天藉著駱駝精神、獅子精神與小孩精神來讓自己一點一滴成長。走在成長為超人的路上，總有一天，我們會在不知不覺間找到自己真正的樣子。

越是覺得生命沉重、越是感到悔恨，

就越要夢想不受拘束的自由人生。

02

成為你自己

• 身體 •

身體是一個大理性，是統一的多元體，是戰爭、和平、是一群家畜也是一位牧者。兄弟啊，你稱作「精神」的小理性是你身體的工具。是巨大理性的小工具，也是玩具。你們因口中的「自我」（Ich）而感到驕傲。你或許不相信，世上有比那更大的東西，即是你的身體與身體的大理性。

節錄自《查拉圖斯特拉如是說》

《我們從何處來？我們是誰？我們向何處去？》是法國後印象派畫家，保羅・高更的經典畫作。年過三十五歲的他，為了實現成為畫家的夢想，毅然決然拋棄了家人與證券交易所的工作。這幅畫作描繪了他晚年居住的大溪地風景，但實際上就如畫作名稱所述，他在其中畫出了人生的全貌。

畫名這三個問題當中，在哲學中最為重要的便是「我們是誰？」。因為生命的所有問題，都是源自於我們不認識真正的「我」。若不解決「我們是誰？」這個疑問，便無法解決生命中的所有問題。因此我們的首要之務就是認識真正的自己。

是精神年齡，還是身體年齡

古希臘哲學家柏拉圖認為，人類有靈魂與肉體。他在《斐多篇》中提到，靈魂是神性的、是不滅的，也是能夠理解理性的存在。肉體是人性的、會死去的，是不能理解理性的存在。他也認為肉體只是靈魂的監牢，肉體會使靈魂陷入混亂，妨礙靈魂達到真理與智慧的境界。一旦離開靈魂，肉體便會崩潰、解體，被低賤的邪惡所污染。而靈魂則是不滅且純粹的，珍貴且良善。

柏拉圖主張靈魂優於肉體，提倡以理性為中心的二元論。柏拉圖這番將人類區分為靈魂與肉體的二分法思想，後來延續至中世紀的基督教思想，將世界分為神與人、天界與人界。到了近代，則有笛卡爾主張心物二元論，認為精神與肉體是完全獨立的兩個個體。

那尼采是如何看待人類的靈魂與肉體？尼采認為，靈魂與肉體之中，哪一個才是真正的自己呢？在《查拉圖斯特拉如是說》中，查拉圖斯特拉說：「我即是身體，除此之外什麼也不是。」他認為所謂的靈魂，只是用於描述寄宿在身體裡的某種東西而已。他認為人類的身體是大理性，精神則是小理性，精神不過是身體的小工具、是玩具。也就是說，真正的自我就是身體。對輕視肉體、重視靈魂的柏拉圖主義者與基督教等二元論者，尼采提出了批判。

查拉圖斯特拉緊接著說明「我」（Ich）與「自我」（das Selbst）的關係。我們的內在有個更偉大的存在支配著我，那個存在名叫「自我」，也是名為身體的大理性。尼采主張，我們的想法與情感背後是身體，而自我就活在那個身體裡。尼采認為「真正的我」是身體，也是自我，是大理性，這樣一來，就能導出以下的等式：

「真正的我＝身體＝自我＝大理性」

關於意識的我與無意識的我

尼采區分我與自我的問題，對後世的精神分析學帶來了很大的影響。尤其瑞士的精神科醫師兼分析心理大師榮格，在記錄他人生的最後一本著作《榮格自傳：回憶、夢境、思考》中提到，最初是受到好奇心的驅使才讀了尼采的《不合時宜的考察》。他非常著迷於尼采的著作，隨後立即讀了《查拉圖斯特拉如是說》。他坦言，這部作品有如歌德的《浮士德》，帶給他非常強烈的體驗。榮格認為，查拉圖斯特拉是尼采的浮士德，也是他的第二人格。

榮格將人的精神分為「意識」、「個人潛意識」與「集體潛意識」等三個部分。尼采在《查拉圖斯特拉如是說》當中，將人分為「我」與「自我」，榮格受到他的影響，發展出扮演意識主體的自我，以及將意識與潛意識整合在一起的本質我等概念。

「為何世上有幸福的人，就會有不幸的人？」

「為何有些人事事都能成功，有些人卻不斷嘗到失敗？」

「為何有些人的婚姻生活無比甜蜜，有些人卻家庭破碎，以離婚收場？」

「為何有些人終生富裕，有些人則代代都擺脫不了貧窮？」

「為何有些人一輩子都無比健康，有些人卻會罹患不治之症？」

我們要上哪去找這無數疑問的解答？世上有幸福的人和不幸的人、有成功者與失敗者、有富者與貧者、有健康之人與生病之人。世上之所以只存在這樣兩種人，以尼采的比喻來說，就是因為我們內在有強力的命令者、不為人知的賢者。為了更清楚地說明意識與無意識的關係，我們通常會以冰山作為比喻。意識是浮在水面上的冰山一角，無意識則是水面下的巨大冰山。我們眼睛所見的意識不過只是冰山一角，卻誤以為那是我們的全部。為了活得更健康、幸福、富裕，我們必須向無意識尋找答案。以心靈之眼查看自身內心，便能在其中發現巨大的無意識之力。尼采在《不合時宜的考察》第三卷中曾說：

「成為你自己！你現在所做的、所想的、所願的都不是你。」

控制無意識並不如說的那麼簡單，因為人類其實覆蓋在黑暗的面紗之下。尼采說：「若兔子有七張皮，那人類就得脫去七十乘七張皮。」這就代表無論人類如何深入挖掘自我，都難以找到自身的本質。

如何找尋真正的自我

那麼，我們該如何才能找到真正的自我？人類該如何認識自我？

必須理解真實自我的根本

尼采在《不合時宜的考察》第三卷中，曾經思考過以下問題所適用的對象。他認為只要這樣思考，我們就能真正知道自己是誰。

「你至今曾經真心愛過什麼嗎？」

「是什麼吸引你的靈魂？」

「是什麼支配著你，同時卻使你幸福？」

到了中年，我們總是帶著相同的疑問。我們一再重複著與年輕時相同的錯誤，在同一個地方經歷失敗、感到挫折。在不曉得自己真正所求為何物的狀態下，在名為世界的這片海上漂流。尼采提出這些問題的對象，若要分別濃縮成一個詞，那就是「愛」、「目標」、「幸福」。如尼采所說，為了成為自己，我們必須知道這三者的對象是誰。

活了四十多年，很多人的人生都是如此。不曉得自己真正所愛的是什麼、不知道自己的靈魂被什麼所強烈吸引，更不知道自己真正想做的究竟是什麼，也因此更不知道自己得做些什麼才會幸福。夢想成功人生的人，必須有著自己獨特的藍圖。

愛自己本來的樣子

我們必須學習去愛尼采所說的身體。步入四十歲後半，無論男女都會經歷更年期，健康也可能迅速惡化。在險峻的歲月裡苦撐了數十年，我們的身心自然千瘡百孔。未來還要再活五十年，真的有信心能夠不生大病，好好撐下去嗎？總是為疾病所苦的尼采，在《瞧，這個人》裡，分享了他認為要成為一個健康的人，應該要如何進食、如何選擇居住地點與氣候以及如何休息。

- 吃得飽比吃得少更好消化。
- 人人都知道自己的胃有多大，避免用餐拖延太久。
- 別吃零食，別喝咖啡，咖啡會使人憂鬱。
- 只有早上能喝茶。喝一點點，喝濃一點。
- 盡可能別坐著。
- 別相信那些不是在戶外自由移動下所誕生的想法。
- 選擇有乾燥空氣與晴朗天空的地點與氣候。
- 所有的閱讀對我來說都是休息。
- 別看、別聽太多事物，別任由這些事物接近自己。

尼采終生都在健康與疾病之間徘徊。對他來說，疾病是使生命陷入絕望的痛苦。只要生病，就會伴隨著難以言喻的痛苦。當你在生病難受時，能像尼采一樣接受這極度的痛苦嗎？很多時候我們都要等到生病、失去健康之後，才能夠明白健康的珍貴。

如果你正因為生病、因為健康狀況惡化而痛苦，那現在是你再度恢復健康的時候了。我們的身體裡，都有能夠戰勝疾病與痛苦的力量。尼采說，對病患最好的治療藥物，就是健康狀況逐漸下降、逐漸提升。他說，他在人生中病得最重、最痛苦的時期最感到幸福，在那個時候他得以「回歸自我」。尼采的疾病與痛苦並沒有使他對生命感到悲觀，反而是他為找回健康自我而必須克服的對象。

與其學習如何去愛眼睛所看不見的靈魂，學習去愛眼睛能看見的身體要更為容易。每個人都是帶著「身體」這件衣服來到世上。即便柏拉圖將身體比喻為困住靈魂的監牢，身體依然是我們來到這世界時收到的第一件美麗贈禮，更是我們到死之前都必須牢牢穿在身上的衣服。因此，我們必須要以珍愛的心情對待自己的身體。

從今天起，在照鏡子的時候，別去找讓自己不滿意的地方，而是去找讓自己滿意之處吧。戒除速食，多吃些健康的食物吧。每到週末，記得去充滿綠蔭的山林裡走走，排解壓力與負面氣息，多呼吸一些乾淨空氣與正向氣息。人生最重要的關係，就是自己與身體的關係。當身體生病或無法正常動作，人生就絕對不會朝你所想的方向前進。

e

靈魂為了今生的旅行所選擇這副身體，

你要更加愛它。

03

只靠一把梯子無法看到遠方

• 嘗試與提問 •

我從多條路、透過多種方法抵達我的真理。我不是只靠一把梯子，就登上這能眺望無盡遠方的高度。

節錄自《查拉圖斯特拉如是說》

弗里德里希·尼采是一名德國哲學家，他向我們提示在這個充滿痛苦與絕望的今日，我們該如何找回遺失的心。即便尼采是十九世紀末期的人，但為何直到一百多年後的今天，他的哲學依舊能引起共鳴？因為他不單純只是用腦袋思考生命的哲學家，而是用自己的身體去思考生命。尼采的身體因疾病而承受巨大痛苦，也切身感受到人生就是一連串的痛苦與考驗，但他仍熱烈地渴望明白何謂真正的生命。他認為與自己的身體陷入一段熱戀，是人生必然的課題。他領悟到，自己所需要的不是憧憬「另一個世界的生命」，而是好好活過「這個世界的生命」。

絕望與痛苦帶給尼采的東西

一八四四年十月十五日，尼采出生在普魯士的洛肯。那天也是當時普魯士國王腓特烈・威廉四世的生日。尼采的父親路德維希牧師便以國王的名字來為兒子取名，將他命名為「弗里德里希・威廉・尼采」。兩年後，一八四六年六月十日，尼采的妹妹伊莉莎白出生。

一八四九年七月三十日，發生了尼采人生中最悲慘的事件，那就是父親之死。路德維希年僅三十六歲便去世，奪走他性命的疾病是腦軟化症。深愛父親的尼采因此受到嚴重打擊，但他的不幸並沒有就此結束。父親死後隔年，弟弟約瑟夫也因腦中風發作而溘然離世。

尼采在他的自傳《瞧，這個人》當中，說當他來到與父親辭世時相同的年紀時，他的生命也跟著衰敗，生命力達到了最低點。他的視力嚴重惡化，連距離自己三步之遙的地方都看不見。那是一八七九年的事。那一年，尼采因健康問題而卸下巴塞爾大學的教職，之後便過著暗無天日的放蕩生活。那是他人生中最大的危機。

尼采長期被病魔纏身。生病的人大多認為自己不可能恢復健康，但尼采認為生病的狀態，能夠有效刺激他的生命，使其更加豐富。他努力從自己身上、從生命中找到全新的發現。他將對健康的堅持、對生命的堅持，轉化成為自己的哲學。年輕時曾信奉厭世主義的他，在一八七九年這個生命力最為低下的時刻，放棄堅持厭世主義。他不允許自己繼續悲慘與喪氣的哲學。

不要害怕嘗試與質疑

我們的年輕歲月像罹患重病一樣艱困。但回首人生，會發現自己在許多時候都因為害怕失敗而無法做任何嘗試。尤其是年紀越大越害怕改變，也因此只會對既有的事情產生熱情。生命中最重要的試金石，就是「我們該如何在這世上找到真正的自我」。能抵達完整自我的路，究竟在何方？

先嘗試、先提問

人這一生，內心總會不斷對自己產生疑問。世上有多少人，生命就有多少種樣子，需要解決的問題也十分多變。我們經常會從意想不到的問題中，找到意想不到的解答。因此人生的方向，會隨著我們對自己提出的疑問而改變。面對「該怎麼做才能抵達完整自我」這個問題，尼采透過深思熟慮、跳脫既有哲學家所提出的方法，以新的嘗試和提問來尋找答案。他的無數著作與遺稿，正是這些嘗試與提問的結果。

我們一生中會面臨許多障礙，使我們無法抵達完整的自我。我們時時刻刻都必須選擇，或許我們的生命就是這些選擇的集合。所以偶爾我們會做出錯誤的選擇，而那些選擇會成為我們的重擔。尼采在一八八四年的遺稿當中坦承，每一次做新的嘗試他都會失敗，同時也受到疾病與疼痛所苦。但只要持續嘗試，就能發現隱藏在

克服任何一種恐懼，
讓自己能完全投入人生。

自身內在的智慧、找到能回歸真實自我的方法。即便我們做了錯誤的選擇，也能隨時變換人生的方向。那個方法就是持續嘗試、持續提問。尼采在《查拉圖斯特拉如是說》中說道：

「嘗試與提問，那就是我的方向。還有，人們必須學會如何回答這樣的提問！」

人生沒有什麼固定的道路，生命沒有固定的正確答案。面對那些問自己該往何處去的人，尼采告訴他們，那條路並不存在。若直到四十歲，你的人生都不如人意，那麼從現在開始，你得試著改變提問的對象與方式。提問的對象不是他人，而是你自己。沒有人能代替我們去過我們的人生，因此問題的答案不在其他地方，就在自己身上。若想愛自己，就必須花時間與自己對話。我們必須持續對自己提問，試著從中找出答案。

用千隻眼睛看世界

尼采要我們警惕用一隻眼睛看事情，要我們無論往哪個方向前進，都不能以單一視角來面對。若只用一隻眼睛看世界，主動詮釋一件事情的力量就會被壓抑、會不夠。我們有千隻眼睛，也有千條路能走。為了擺脫偏見、先入為主的觀點、刻板印象，我們必須用不同的角度來看待同一件事。

尼采說，人要經由不同的路與方法抵達自己的真理，這是他的觀點主義。尼采在《道德譜系學》中曾說：「唯有透過觀點主義看見、唯有透過觀點主義認知的事物才叫存在。」我們不能只用一個角度看事情，而且必須與觀察的對象保持一點距離。要跳脫側重一方的偏見，就是多元觀點的思考。我們希望世界是什麼樣子，就會看見什麼樣的世界。

人生不是名詞，而要是動詞

尼采在《道德譜系學》中說：「我們不了解我們自己。」我們是自己的異鄉人，我們是與自己距離最遠的存在，因為我們至今從未探索過自己。尼采將這樣的我們比喻成蜜蜂。就像蜜蜂的目標是將食物帶回蜂巢，我們真正關心的事情，也就只有「要帶什麼東西回家」。

我們受困在名詞的世界裡。名詞的世界是固定的、穩定的、可預測跟可控的。名詞的生命關注如何擁有成功、名譽、金錢、愛情、權力等物質。而動詞的生命則注重親身體驗、付諸實行。世上所有存在都會經歷生成、變化與消滅，因此絕不是固定不變的。尼采問，我們之中有誰曾經認真關注過自身生命的本質、自身的經驗？尼采的哲學便是在批評我們，一直以來都過著名詞的人生，對動詞的人生不屑一顧。

金錢或名譽之類的東西動輒得咎，一瞬間的失誤便可能讓我們失去一切。即便如此，我們卻還是會逃避不穩定、使人不安且難以預測的動詞人生。熟悉了名詞的世界之後，便會害怕並抗拒實踐動詞的人生。但在變化無常的動詞世界，透過經驗累積的智慧沒人能夠搶奪。當我們追求動詞人生，而非名詞人生時，我們才能夠回答「我們究竟是誰」這個疑問。盡力去做想做的事吧，在人生裡，挑戰從來不遲。

每一年新年初始，我們總會計畫自己未來的新生活。空白的新日記本第一頁，你總是會寫下渴望實現的某些決心。這時該寫下的，其實是與人生有關的提問。如果你不知道該寫下怎樣的問題，那便無法得到問題的解答。

茫然地思考生命的意義，生命不會給你答案，因為生命的樣貌會以不同的模樣出現在每個人眼前。問題必須要具體且實際。例如在配合自己當下所處的狀況具體提問時，你就能找到讓你朝正確方向前進的解答。我們的心中，一直以來都充斥著許多無法解決，使人不再想解決的問題。我們需要先嘗試，對在那條路上遭遇的問題提問，然後再學習如何回答那個問題。生命中最糟糕的情況就是不去做任何嘗試，勇於嘗試的人隨時都能得到自己的解答。如果渴望改變，就不要害怕失敗，以開放的心態對自己提問吧。唯有懂得做夢的人，生命才會改變。

四十歲，該對自己的生命提出的問題，

必須具體且實際地寫下來。

04

成為一個好人吧

• 末人 •

我想說的是被他們輕視的那些東西，也就是末人。

節錄自《查拉圖斯特拉如是說》

十個上班族之中，有九個都曾經歷「職業過勞症後群」。過度工作造成的壓力，使人身心俱疲。職業過勞是一種過度投入工作，消耗完所有剩餘能量，使人在身體上、精神上感到極度倦怠、無力的症狀。這個詞由紐約精神分析家弗洛登伯格（H. Freudenberger）在一九七四年首度提出。只要有體力跟意志力的支撐，職業過勞很輕易就能恢復，但最大的問題就是過了四十歲之後，恢復力會大幅下降。在家庭中作為父母、在職場上作為領袖，四十歲是社會的中堅分子。過去二十多年，他們都是為了某些事情而漫無目的地努力、衝刺、競爭。這樣一群人之中，有不少人都是在某天突然沒了體力、失去欲望，直想直接躺在原地動也不動。

這樣的過勞若持續，便可能發展成憂鬱症、恐慌症、睡眠障礙等問題。也可能造成自信低落、喪失熱情，容易被挫敗感和疏離感等負面情緒支配。「我現在究竟在做什麼？」「這種生活真的是對的嗎？」對人生的懷疑與空虛便會湧現。站在生命的十字路口，我們要怎麼做才能夠避免自己過勞？我認為應該要從尼采所提出的「超人」與「末人」這兩種人類形態中尋找答案。

好人與末人之間的差異

在《查拉圖斯特拉如是說》中，查拉圖斯特拉第一次講述超人與末人的概念之後，群眾對著他大喊：「哦，查拉圖斯特拉，將末人給我們吧。讓我們成為末人吧！那麼我們便能將超人奉獻予你！」在這裡，群眾所選擇的「末人」是誰呢？尼采說末人是「最為受人蔑視之人」。

末人受人輕蔑的原因，在於他們只顧著問「什麼是愛？」「什麼是創造？」「什麼是憧憬？」「什麼是星星？」卻從來不了解這些問題的真意。末人有別於超人，他們沒有克服自我的創造意志，他們只想過著安於現實的生活。末人有時會被翻譯成「最後的人」、「最末的人」，與超人形成鮮明的對立。人類必須在超人與末人之中做出選擇。

那麼，我們要如何才能不成為末人，而是成為超人，好好度過自己的人生呢？尼采說超人是「用於稱呼成為最好之人的名稱」。而該怎麼做才能成為最好之人，就讓我們來看看尼采在《瞧，這個人》當中所說的「真正的好人」，以及在《查拉圖斯特拉如是說》裡的「末人」特徵。

成為真正的好人是一種欲望

重視理性的柏拉圖說，欲望必須以理性壓制，尼采卻重視欲望更勝理性。尼采要我們專注在自己的感覺上。我們不能壓抑「想吃美食」、「想跟好看的人墜入情網」、「想找一份好工作」等欲望。生命是欲望的延續，一個真正的好人能夠透過自己的需求或欲望，發現真正的自己。換句話說，若想真正活出幸福人生，就必須知道自己想要的、渴望擁有的、要在人生中體驗的究竟是什麼。

相反地，末人則會過著熱衷於消遣享樂的人生。末人也會說「我們要找到幸福」，但其實他們所找到的幸福，只能帶給他們單純、舒適且微小的樂趣。末人不同於超人，他們不能發揮潛藏於自身內在的創造能力。他們只是一群工作機器。

大部分的中年人都不得不壓抑自己的欲望。過了四十歲，為自己而活只佔人生中的極小部分。對中年人來說，要享受那些能使人悸動的想像，並不是件容易的事。就像查拉圖斯特拉所說的末人，這樣的中年人只是工作的機器。

一旦出現職業過勞的症狀，人生就會失去樂趣，一直以來都很順利的日常生活也會突然變得無聊，人生變得極度無趣。尤其對年屆四十的人來說，無論是上班族還是自行開業，人人都會忍不住希望自己能大膽甩開這一切。可是他們當前的處境，也不可能讓他們立刻轉換跑道或放下自己的事業。在人生中段找上門來的職業過勞，我們究竟該如何因應？

我認為，最重要的是必須先讓自己得到一段時間的充分休息。找到自己真正想做的事，跟自己現在正在做的事情並行。這樣一來，或許就能透過這件新的事情，找回遺失的熱情與成就感。就我的情況來說，過去十年我一直擔任某間公司的執行長，生活過得非常忙碌，但也不忘利用閒暇時間閱讀古典文學、東西洋哲學。從歷史到西洋藝術，我涉獵了多種不同領域的知識。前幾年我將自己探索知識的結果出成一本書，獲得作家這個新身分。我藉著自己想做的事獲得全新的熱情，正順利地度過容易陷入倦怠的中年人生。

真正的好人只追求有益的事

尼采說：「當事情超過對自己有益的極限，真正的好人便會失去滿足感與喜悅。」換句話說，真正的好人只追求對自己有益的事。

當然，查拉圖斯特拉也說，末人也會顧及自己的健康。只是末人無論白天黑夜，都只會享受自己簡陋的快樂。末人這樣的快樂人生，有時就像飲下毒酒一樣能使人做最安樂的夢，但若喝下的毒酒太多，也可能使人迎接安樂的死亡。

我們在職場上總想著家裡的事，回到了家裡卻忙著想怎麼也無法結束的工作。這些接連不斷的思考，似乎讓我們無法繼續忍受這樣的生活。要治癒這樣的心靈、要使心靈更加強大，我們必須用滿足感來填補自己的內在。當後悔、自責、擔憂、焦躁等負面情緒浮現時，我們只要吃點美食、喝點酒就能讓心情稍稍好轉。但若在承受壓力或感到憂鬱時，習慣性暴飲暴食、過度飲酒，反而會造成健康問題。無論做什麼都必須適當，太過頭會致使我們上癮。尤其面對中年的不安，我們會暴飲暴食、過量飲酒、吸菸、依賴藥物來當作慰藉，這些都會對健康造成致命傷害。

要說現在四十歲上下的人，幾乎每一個都受憂鬱症所苦也絲毫不為過。既然精神上的飢餓，無論吃再多美食填飽肚子都無法滿足，那不如改用冥想、瑜伽、騎自行車、游泳、跳舞、打高爾夫、登山等運動，來填補內心的空缺如何？為了擺脫過勞問題，我們需要多花一點時間給自己。

好人知道如何從有害的事物中康復

尼采在《偶像的黃昏》中說道：「凡殺不死我的，必將使我更強大。」這樣一句格言若換個方式解釋，就是「除了死亡之外，一個好人知道如何讓自己從有害的事物中康復」。只要不是那些將我們置於死地的事物，無論環境再如何糟糕、處境再如何艱困，好人都能夠使其變得對自己有利。

人生在世，阻礙夢想實現的障礙物隨時都可能出現。若突如其來的事件使你感到挫折與絕望，你會希望向任何可能的對象尋求解決之道。但一個好人不會急著尋求人生的解答，而是會與考驗正面對抗。無論花費多少時間，他都絕對不會放棄實現自己真正認為有價值、想實現的目標。原因在於，他們希望能活出比任何人都要特別的人生。在他們面前，隨時都會有一條新的路出現。

但對末人來說，肉體上、精神上的痛苦與考驗，都是他們迴避的對象。所以查拉圖斯特拉才會說，末人認為生病、懷疑都是一種罪。為了不被石頭絆倒、不被他人撞到，末人總是像傻瓜一樣小心翼翼地前進。

人到了中年，讓身心燃燒殆盡的過勞現象，也是不可逃避的考驗之一。別像末人一樣逃避這樣的痛苦，而要秉持著「凡殺不死我的，必將使我更強大」的信念，正面迎戰這樣的考驗。

好人謹慎且從容

好人以自身的謹慎與幹勁為傲，他們會慢慢成長。而末人則無法變得更貧窮，卻也無法更富裕。因為對末人來說，任何事物都嫌煩、都嫌累。他們只是被一直以來所熟悉的事所綁住，卻不打算成長。末人只希望所有人都過得平等。

許多四十多歲成為領導者的中年人，不光是在家庭中，在公司裡也總被「必須好好選擇」的強迫觀念所困。因為越是一個好的領袖，身邊的人對他的期待就越高，責任自然也越重。成為領導者的中年人，總是必須負起這樣的重責大任，努力去追求最好的成果。被迫追求好成果的領導者，只能著急地一個人肩負起重擔，最終耗盡所有能量，進而陷入過勞狀態。

但並不是著急就能順利解決所有事情。為了適應這個快速變化的世界，逼迫自己「快點快點」，反而可能會讓自己摔倒。受職業過勞症後群所苦的中年人需要的是「放慢腳步與等待的美學」，需要學會每一件事都必須靜待時機。

好人不會責怪

好人會隨自己的選擇而活，他們不會將人生的選擇權交到別人手上。換句話說，一個好人會將自己的選擇視作原則，也會自行做出判斷。人們經常會把自己遭遇的不幸怪罪給命運。但一個好人會認為，不幸也是自己造就的結果。

人生在世，我們每天都必須面對許多次選擇。明智的選擇、錯誤的選擇、出色的選擇、壞的選擇、勇敢的選擇、卑劣的選擇等等。每個選擇都是一個點，連成一條線之後便成就了我們的人生。即便如此，選擇仍不是件容易的事。人有了年紀，後悔的事會隨著活過的時間而增加。在面對後悔時，若總是抱持「當時我為何會做出這種選擇？」「若當時做出不同的選擇，事情或許會更好」等想法，始終放不下對過去的埋怨，那只會使人生更加無力。如大家所知，人生中有些事情能由我們掌控，但也有許多我們無法掌控之事。總之，人生就是如此麻煩且充斥著眾多問題。

末人不愛自己的生命，因為他們的能力不足以去愛生命，也不足以承受生命，因此末人無法盡全力過好自己的這一生。

不讓自己過勞的方法、即使過勞也能輕鬆恢復的最佳方法，其實就是愛自己的生命。尼采在《查拉圖斯特拉如是說》中提到，即使難以承受生命，也千萬不要表現出脆弱的一面。人生中有許多難以承受之事，那些事對我們來說十分殘酷，以至於我們無法輕易習慣。但「即便如此，我們仍要」愛自己的生命。真正的愛不計任何條件，對生命的愛也該如此。無論生命再如何不完整，我們也要連那份不完整一起愛。所以尼采才會說：「我們的缺陷，是使我們看見理想的眼睛。」自己找回愛生命的能力吧。

即便是身心燃燒殆盡的時期，

也千萬別忘了愛自己的方法。

05

要遇見逆風，才能在任何一種風裡悠然自得

・沒落・

偉大的正午，是人類站在野獸與超人間那條岔路的時刻，是他腳下那條朝著夜晚前進的路充滿希望的祝福時刻。因為那條路，正是要邁向全新的早晨。這時將要衰敗之人，會知道自己便是要跨越盡頭之人，並會為自己送上祝福。這時他的認知，對他來說便是正午的太陽。

「所有的神皆已死，如今我們期盼著超人的登場。」

望在總有一天會到來的偉大正午，這都將是我們最後的意志！

節錄自《查拉圖斯特拉如是說》

如今，幾乎所有人看起來都過得豐衣足食。那此刻處在人生中間點的我們，應該開始思考自己是否活出真正的自我？即便在物質上沒有任何缺乏，仍會不時思考自己究竟是否真正依照理想而活？青春期的我們曾經以為，只要實現內心迫切的夢想，人生就會是自己真正想要的樣子，甚至還為此感到自豪。但隨著年紀增長，我們會開始領悟到，那不過只是回到原點。

許多人都說，我們真正渴望的人生，並不是我們必須抵達的終點。世上不存在任何一個終點，能讓我們享有真正渴望的人生。對人類來說，人生的終點只有死亡，因此人生是虛無的。雖然人生的終點看似有什麼厲害的東西，使人氣喘吁吁地朝著終點前進，但其實那裡很可能什麼也沒有。既然如此，四十歲的我們又該往哪裡去呢？

名為輕蔑與沒落的偉大時刻

尼采設定了「上帝已死」這個極具衝擊性的事件，使人類失去了可以依靠的地方。由於至今所相信的一切價值消失，人類只能落入虛無主義，必須獨自面對生命。成為超人之路孤獨且險峻，而為了面對這樣的「無」、為了克服虛無主義，尼采就如我們前面所說的，提出了超人這樣的新人類概念。

為了成為超人，尼采在《查拉圖斯特拉如是說》中要我們「體驗偉大的輕蔑時刻」。所謂「偉大的輕蔑時刻」，是指至今對過去認為幸福的時間感到厭惡、對認為人類是理性存在的想法產生反感、對過去所追求的美德感到厭倦的時刻。換句話說，就是當我們領悟到，所有現存的價值都不再具有任何意義，那就是體驗到了偉大的輕蔑時刻。

在沒有神的世界裡，人類成了不能依靠任何人的存在，這其實相當令人感到絕望。然而人類必須了解，沒有任何目的的絕望人生，其實相當令人輕蔑。那些沒有意識到自己陷入絕望的人，反而更加危險。人必須意識到自己陷入絕望的泥淖，才能夠克服自己。因此迎來輕蔑的時刻，就代表人類已經站在新生命的起點。

當偉大的輕蔑時刻來臨，我們所該在的地方，就是虛無主義的盡頭——「沒落」。尼采在《查拉圖斯特拉如是說》裡，藉著查拉圖斯特拉的嘴說：「我跟你一樣必須沒落。」為了在挫折與苦難中克服自己，首要條件便是沒落。

尼采在《偶像的黃昏》中說：「什麼都不美，只有人是美的。所有美學都是以這樣簡單的想法為基礎，這才是美學的第一真理。」接著又說：「除了破敗的人類之外，沒有什麼是醜的。」他說這是美學的第二真理。如尼采所說，我們在生命中會成為美麗的人類，也會成為破敗的人類。如果可以，人人都想成為美麗的人類，卻不可能人人都只是美麗的人類。那麼，究竟是什麼讓我們如此沒落？

每年都會公開OECD（經濟合作暨發展組織）主要國家的憂鬱症指數，韓國在這排行榜上一直都名列前茅。憂鬱症被稱為「心靈感冒」，是經常在中年時期不請自來的不速之客。陷入憂鬱狀態若不積極治療，只是放置不管，極端一點的情況便很可能發展成「絕望」。當我們一再陷入絕望，便無法在絕望中找到生命的意義，更可能招致死亡。絕望致死的原因可能是藥物成癮、酒精成癮、自殺等。為何我們的生命會變得如此悲劇？正該享受生命的年紀，究竟是為了什麼而過得不幸且憂鬱？

尼采在「一切醜陋的事物」當中，尋找使人類脆弱、使心陷入憂鬱的原因。面對醜陋的事物，人類會變得無力、衰敗，進而陷入危險。尼采所說的醜陋，是指消耗殆盡、疲憊、老化、疲勞的所有徵兆、痙攣或麻痺等任何一種類型的不自由。人到了中年，老化便會加速，尤其是要面對荷爾蒙變化導致的更年期來臨。也因此身體大不如前，更容易感到疲倦、痛苦，但在經濟上或社會上卻過得非常充實。且人一旦過了四十歲，也很容易在跟他人比較時，發現自己成就的事物沒能比別人更多，因而產生心理上的挫折與壓力。中年憂鬱與倦怠只會越來越嚴重，陷入「中年憂鬱症」當中。

沒有只走上坡的人生，也沒有不斷下坡的人生

人只能憎恨不斷衰退的自己。但尼采認為，即便憎恨衰敗的自己，也要不忘敬畏、謹慎、初衷與保持距離。即便我們的人生總是有所缺失、總是難過，但它依然能夠重生為美麗的藝術。若想達到這個境界，我們

必須輕蔑醜陋的生命，再一次朝著美麗的生命前進。所有的沒落都是掌握全新機會的時刻，也是能夢想新的生命，讓自己與美麗一同提升的時刻。

尼采在《查拉圖斯特拉如是說》中提到，沒落者正在偉大的正午時刻，正在從野獸通往超人的路中央。這裡的偉大正午，是指影子等虛像從生命中消失的時刻。查拉圖斯特拉說，就在那個時刻，他腳下朝著夜晚前進的那條路，也獲得了最好希望的祝福。因為沒落之人終將迎來新的早晨，人類將能成為完整的超人。人類該做出選擇了，是要選擇衰敗，成為人類前一個階段的野獸，還是要克服生命提升成為超人。要使生命更加美麗，尼采有屬於他自己的秘訣。

配合人生的流向打節拍

尼采說：「權力的感覺、權力的意志、勇氣、驕傲等，都將隨著醜陋的事物一同下降，隨著美麗的事物一同上升。」你有多麼配合自己人生的流向？我們的人生是一連串的上升與下降，因此人生也能比喻為雲霄飛車。但我們的情緒卻與雲霄飛車恰恰相反。雲霄飛車上升後再下降時，帶給人巨大的興奮，但人生的雲霄飛車卻是在上升後再下降時，帶給人最大的挫折。

如今，許多投資人不惜「借貸投資」、「燃燒靈魂」，投入一切後卻隨著股票市場暴跌而失去所有財產，進而選擇輕生，這樣的新聞屢見不鮮。尤其四十多歲的投資人佔據總投資人數的一半，這更讓人感受到切身之痛。為何我們的人生總是這樣高低起伏、曲折不斷？尼采在《快樂的科學》當中說：

「自從對追求感到疲憊之後，我開始學會發現；自從經歷過逆境之後，任憑風起雲湧我都能任意航行。」

你認為何謂人生最悲慘之事？沒有什麼能勝過在四十歲時嚐到失敗的滋味。但我們可以像戰勝逆風的船隻，以大大小小的失敗為墊腳石，漂亮地贏得逆轉勝。因此，我們必須學習如何謙遜地接受自己的失敗。有時那或許會通往一條死路，但在那條小巷之中，我們或許又能找到另一條新的路能通往真正的自我。尋找真正自我的人生，不會是直線，而會是曲線。雖然有開始，我們卻不會知道終點在何方。

雖然我們都忙得昏天暗地，但其中確實也有些人比別人還要忙碌。一整天下來，任憑事情順利或不順利，忙碌都會使我們陷入混亂。所以我們需要學習如何配合人生的流向打拍子、跳舞。

找到適合自己的人生速度

對當前人生的不滿與憎恨，會使你追求新的人生。沒落是變化帶來的成長痛，人生若沒有下坡，便也不會有成就。在人生的最低點，我們必須懷抱野心，這樣才能夠再一次向上提升。在人生的最高點，我們也不需要因為將會再度沒落而失望，因為我們終將迎來再一次成長的機會。

尼采在《人性的，太人性的》第二卷中提到，即便是那些開始速度較為緩慢，且無法一下通曉所有事情的人，只要能持續加速，最後就能開創出令人意想不到的結果。為了成為超人所做的自我實現，實際上並不能真正實現。到了四十歲，所謂的成功便不是「達成了什麼」，而是取決於「成長了多少」。人生沒有永遠的上坡，也沒有永遠的下坡。因此，我們只需要用適合自己的速度前進即可。

別忘記，幸福會慢慢地、緩緩地來到

尼采在《人性的，太人性的》第二卷中曾說：「有一種幸福像是樓梯上的幸福，它走得太慢，無法與那些

腳步快速的時間並肩前進。」尼采用「樓梯上的幸福」來比喻智慧與機會的關係。許多人為了抓住機會而累積許多智慧，卻沒注意到機會早已從門縫溜走。沒能與機會步調一致的智慧，至今仍停在樓梯上。

時間就像機會，會在我們還無暇感受幸福時快速流逝。即便如此，在漫長的人生旅程中，我們仍感受不到此刻當下是最幸福的。必須等到很久以後，我們才會遲來地意識到那是人生中最幸福的時刻。即便此刻看似不幸，那也不過是錯覺，只因為我們還有許多未完成的階梯。或許你覺得事事都不順利、人生很不公平，但也不要遲疑，繼續堅持下去吧。有句話說，每個人一生都有三次機會，如今年逾四十的我們還有兩次機會。

尼采在《人性的，太人性的》第二卷中曾提到，「生活真正的階段，是在主導的思想或情緒上升與下降間短暫停滯的時間。在這裡，人會再一次感到滿足。」古希臘許多懷疑論者，曾以「懸置」（epoche）一詞代表「中止判斷」之意。「懸置」原本的意思是「停止」或「不去做某件事情，以使其維持原樣」之意。而尼采所說的「介於上升與下降間的短暫停滯」，就是在告訴

暫時停止，停留在此刻當下。

我們需要懸置。換句話說，在從上升到下降、從下降到上升之間的轉換期，我們所需要採取的行動，就是暫時停止判斷。

我們不能因為一直以來都乘風破浪、不斷向上攀升便感到自滿；也不需要因為人生持續下降探底而感到挫折。我們需要保留自己的判斷，不要草率斷定未來的人生將會往什麼方向前進。未來是好是壞、是幸福還是不幸，我們都不該自行斷言。

四十歲的我們，為了讓人生能再度上升，需要喘口氣的時間。若如尼采所說，讓自己擁有一段短暫停滯的時間，那或許就能成為四十歲中年人生變化的轉捩點。我們到了四十歲，才終於做好準備進入生命真正的階段。四十歲這個轉捩點將會是個機會，讓我們的人生再攀高峰。

當我們走在通往真正生命的路上卻跌倒時，你認為我們首先該做的是什麼？你的答案，會是趕緊爬起來繼續前進、甩開後頭的人，不讓他們趁機超越自己嗎？若是這樣，那就代表你害怕、無法忍受自己落後他人。但我們需要知道，既然都跌倒了，給自己充分的時間休息、放下自己，也是非常重要的事。為了能好好面對我們已經經歷、未來將要經歷的無數考驗，我們需要時間治療自己的傷口。充分的休息，能幫助我們擺脫折磨中年人生的憂鬱症。當我們的人生開始走下坡，我們最需要的是為自己指出一條新的路。站在人生的轉捩點，最重要的不是前進的速度，而是找到屬於自己的方向，希望各位都能記得這一點。

ℓ

輕蔑與沒落、人生的下降與死路，

都是改變帶來的成長痛。

06

沒有什麼注定之事

• 偶然與必然 •

我們習慣相信兩個領域，我們熟悉於相信目的與意志的領域及偶然的領域。在偶然的領域裡，一切的進行都毫無意義。任何事物的產生與消失，都無人能說出其原因與目的。我們害怕這個由巨大的愚昧所主宰的強大領域。因為我們通常知道，這樣的世界就像從屋頂掉落的磚頭，會掉進另一個世界，也就是掉進目的與意志的世界，粉碎所有我們的美好目標。

節錄自《朝霞》

尼采說，我們習慣於相信兩個領域。一個是目的與意志的領域，一個是偶然的領域。在偶然領域中發生的每一件事，都不具有任何意義。沒有人知道該事件發生的原因與目的。所以尼采才會說，「我們害怕被這巨大的愚昧所主宰的強大領域」。因為就像磚頭突然從屋頂上掉下來一樣，偶然的事件掉入目的與意志的世界，除去了我們生命中所有的美好目標，而這就是偶然成為必然的時刻。

在尼采的生命中，有幾個偶然發生，卻徹底改變他人生的事件。

改變尼采人生的三個事件

與萊比錫大學立敕爾教授的相遇，使他成為古典文獻學教授

尼采在萊比錫大學古典文獻學先驅，阿爾布雷赫特．立敕爾教授的指導下學習古典文獻學。尼采雖然沒有博士學位，但立敕爾教授仍然推薦他到巴塞爾大學教

授希臘語和文學。在立敕爾教授的介紹之下，尼采也幸運地能認識當代最頂尖的音樂家華格納。

偶然發現叔本華的《作為意志和表象的世界》

年輕時的尼采，過著非常痛苦且不安的人生。或許當時的尼采，正在苦苦尋找「人類誕生到這個世界上，為何只能過著痛苦命運」這個宿命問題的解答。也就是在那時，尼采遇見了他命中注定要遇見的哲學老師。一八六五年十月，仍在萊比錫大學讀書的尼采，一天偶然在一間古書店裡，發現叔本華的著作《作為意志和表象的世界》。

尼采從來不是一個會急著把書買下來的人。但那天，他只翻了幾頁這本陌生的書，便感覺到彷彿有惡魔在他耳邊低語，要他「趕快把這本書買下來帶走」。於是尼采買下了叔本華的書帶回家，花了兩個星期不眠不休地閱讀，最後深深陷入叔本華的思想。尼采說，他覺得叔本華的書似乎是專為他所寫的。當他感覺生命沒有任何信念與希望，僅僅充滿無力與失落，絲毫找不到任何頭緒時，他從叔本華的哲學中得到安慰。最後，尼采與叔本華這偶然卻戲劇性的相遇，使他沒有成為古典文獻學者，而是踏上哲學家之路。

與露・莎樂美的相遇、相戀，並徹底失去她

尼采在朋友保羅・雷的介紹之下，認識了露・莎樂美。第一次見到露・莎樂美時，尼采說：「我們是來自哪顆星球，這樣偶然地遇見彼此？」尼采很愛她，還告訴雷說他要向莎樂美求婚，請雷幫幫他，可是莎樂美卻拒絕了尼采多次的求婚。

莎樂美與尼采成為朋友，並跟雷一起擬定了三人的學習計畫，然後前往琉森旅行。旅行期間，尼采跟莎樂美分享了自己的哲學。尼采第一次遇見能夠完全理解他哲學的人，這讓他喜出望外。他甚至認為莎樂美是他唯一的哲學學生。但莎樂美卻因為跟尼采的妹妹伊莉莎白合不來，而決定跟雷一起前往柏林，尼采只能孤單地回到義大利。他因此罹患嚴重的憂鬱症，更有強烈的自殺衝動，陷入極度的煎熬之中。在這樣絕望的狀態下，催生出了《查拉圖斯特拉如是說》這樣一本作品。

擲骰子的每一刻都是我們的人生

人生是偶然事件的延續。所以生命帶給我們的情緒，通常不是平穩，而是不安。我們一直以來所學到的，都是付出多少努力就能獲得多少回報。努力與結果之間，確實存在一定的因果關係，但人生並不總適用於因果關係。人生中時時刻刻都有變數，所以很多時候即便我們已經盡力，仍沒能獲得期待的成果，這會使我們失望。隨著年紀漸長，我們會逐漸與現實妥協，覺得「這樣應該就可以了」，並在不知不覺間與自己真正想要的樣子漸行漸遠。那我們究竟該如何接受偶然，並將偶然變成必然？

再小的事情、再小的相遇都別錯過

只要過段時間後再回頭看曾經發生的偶然，你便會明白即便是再小的事、再小的相遇都很珍貴。小小的變化累積起來便會成為命運。那些懂得感激微小幸福的人，將能迎來更大的幸福。那些日常生活中容易被忽視的瑣碎小事，總能夠使人生變得美麗。

在尼采感覺人生落入谷底的最糟狀態下，偶然發揮了巨大的力量。例如他在巴塞爾大學擔任教授期間，偶然在古書店找到叔本華的著作，例如他與華格納的相遇與分離，例如他被莎樂美拒絕的愛等。是這些偶然，讓尼采走上必然的人生，成為一位真正的哲學家。

不要害怕偶然，要接受偶然

尼采在《查拉圖斯特拉如是說》中，將偶然與必然的問題比喻為「擲骰子遊戲」。他說，人生是為神聖偶然所打造的舞蹈會場，是神的桌子，專為神聖的骰子與玩骰子遊戲的人存在。

最深入研究尼采哲學的法國哲學家吉爾．德勒茲，曾在《尼采與哲學》這本書中提到擲骰子遊戲的兩個時刻。他以發生在天空與大地之間的事物，來描述尼采口中的擲骰子。大地是人們擲骰子之處，天空是使人所丟出的骰子翻轉的地方。換句話說，當必然肯定偶然時，便會因偶然而獲得肯定。

人們朝天空擲出骰子，骰子掉落到地面之前，可能會出現任何點數。並不是人想要六這個數字，骰子就一定會出現六點。也就是說，天空使人所擲出的骰子翻轉，這屬於偶然的領域。而骰子掉落在地，必定會出現一到六其中一個數字，則屬於必然的領域。

尼采之所以將人生比喻為骰子遊戲，是因為一再反覆的骰子遊戲與我們的生命極為相似。擲骰子的不確定性，有如我們無法預測的命運。尼采想告訴我們，別害怕一連串無法預測的偶然事件，要接受自己的命運。

先前進，並等待時機

即便我們因為無法預測人生而感到不安，但在人生中所跨出的每一步都無比重要。若人生是一再重複的骰子遊戲，那麼每一個擲骰子的時刻，就是我的命運，也是我的人生。重要的不是落在桌上的骰子擲出幾點，而是朝著天空擲骰子的這個動作。為了使偶然成為必然，我們必須先擲骰子，然後靜待時機到來。

一個四十歲的人，人生中肯定有過幾次擲骰子的機會，因為沒擲出理想數字而感到失望的日子，想必更是多得不得了。但即便沒能擲出理想數字，我們還是必須肯定至今的人生。因為就是那些命運般的事件，讓我們成為現在的我們，讓我們的想法得以化作現實。無謂地去想最糟的情況，最終只會招致不幸。我們的不經意，最後會為我們自己招來不幸。

羅馬共和末期的優秀政治家尤利烏斯·凱撒在渡過

盧比孔河時曾說：「骰子已被擲下。」這句話代表他不會抗拒自己的命運，會肯定命運、接受命運的積極態度。

人人都有獲得幸福的權利，但能好好享受幸福的人卻非常稀少。人生並沒有那麼簡單。我們這一生可能遭遇不幸，也可能陷入困境。但無論如何，重要的是面對不幸的態度。人生中的考驗與痛苦無可避免，只是大多數人遭遇苦難時，只會嘆氣與埋怨、責怪自己不幸。一個夢想成為超人的人，必須帶著支配命運的力量，積極克服困難才對。我們是必然的存在，必須與名為巨大偶然的事件對抗。若無法避免，那就得去享受。只要重複擲骰子，或許總有一天能得到自己想要的數字。沒有人會知道自己何時能迎來那個時機，而那或許就是讓我們值得活過這段人生的信念。

e

肯定是強大的能量，

會將偶然變成必然。

第三章

如何能在人生中旅行

尼采的興奮劑

01

你必須成為你生命的主人

• 自由意志 •

你是你自己的主人，也必須成為你的美德的主人。在過去，美德是你的主人，但那美德必須像其他工具一樣，它必須是你的工具。

節錄自《人性的，太人性的》

尼采在一八七八年出版《人性的，太人性的》第一卷，書的副標題是「獻給自由意志的書」。這是尼采第一部以格言形式書寫的作品，他為每一章節都加上了編號。尼采在自傳中提到，《人性的，太人性的》是某種危機的紀念碑。

當時尼采面臨兩個人生的危機。一是十年來在巴塞爾大學擔任古典文獻學教授的無意義生活，使他的健康狀況一落千丈；二是與華格納的離別。尼采曾經坦承，年輕時若沒有華格納的音樂，那他將難以支撐，顯見他十分仰賴華格納。可是他跟華格納在思想上有著巨大差異，兩人不得不分開。《人性的，太人性的》就是尼采在尋求自由意志的惡劣條件之下出版。

尼采在自傳《瞧，這個人》中提到，他失去了人生的大方向，並本能地感覺到自己的人生遭遇決定性的危機。與華格納斷絕來往、至巴塞爾大學擔任教授的錯誤決定，都不過只是迷失方向的徵兆。教授這份職業，以及華格納如麻醉劑一般的藝術，如今都無法再使他滿足。在生命徬徨、失去方向時，尼采認為這是回歸「自我意志」的絕佳時機。雖然當時尼采因病而失去了健康，他卻認為這場病使他重新找到應該前進的方向。

尼采說：「透過《人性的，太人性的》，我能將本性從不屬於我的事物中解放。不屬於我的，便是理想主義。」尼采這裡所談的理想主義，是指否定過去柏拉圖的理想二元論與叔本華的哲學，並且徹底與華格納流於浪漫主義的音樂斷絕。尼采脫離叔本華與華格納的陰影，從此要成為自身自由意志的擁有者。

一八七九年，尼采以健康狀況不佳為由，辭去巴塞爾大學的教授職位，並從這時開始了流浪生活，四處尋找屬於他的哲學。那麼，尼采所說的自由意志是什麼？他在《人性的，太人性的》序文中，以四個階段說明自由意志從原型逐漸發展完整的過程。

尋找自由意志的過程

第一階段：如沙漠般荒涼的考驗期

在第一階段，自由意志是一股衝動，讓我們渴望從那些緊緊束縛著自己，長期讓我們感覺自己肩負義務的事物中解放。面對未知世界，他的心中燃起了強大的冒險精神。他堅決地說：「與其在此地生活，不如一死了之。」「此地」，指的是至今他所愛的、所崇拜的一切。

尼采用「最初的勝利」、「最初的爆發」、「邁向自由意志的意志」來形容這個階段。這樣的勝利伴隨痛苦與煎熬。他像深入沙漠的旅人，從不停歇、從不安定下來，只是不斷流浪。孤獨將他層層包圍，緊掐著他的喉嚨，重重壓在他的心上。面對自己的徬徨，他又添上了更危險的好奇與疑問。

「能否顛覆所有價值？」

「善會不會其實是惡？」

「神會不會只是惡魔發明的利器？是要使惡魔更加高尚的手段？」

「歸根究柢，一切不都是虛假的嗎？」

「若我們被欺騙，我們會不會同時也欺騙了他人？」

「我們難道不該成為欺騙者嗎？」

第二階段：被渴望強韌健康的意志所支配的漫長恢復期

自由意志離開了被荒涼沙漠孤立的病態，但距離成熟的自由意志仍有漫長的路要走。在抵達終點的路上，還有漫長的恢復期。從此，他將擺脫愛與恨的束縛，成為沒有任何肯定與否定的人。尼采說這是被「渴望強韌健康的意志」所支配、約束的時間。

第三階段：凝視被遺忘的自己的成熟期

自由意志進入下一階段，以緩慢到接近徬徨、接近使人產生疑慮的速度，再一次向人生前進。自由意志的周圍開滿了黃花，彷彿寒冷的冬天終於過去，溫暖和煦的春天再度降臨。至此，他才終於有能力得以看清自己的四周，並明白自己究竟身在何方。也開始能以不同的角度，看待那些近在咫尺的事物。

終於，自由意志發揮力量的時候來了。朝著自由意志更進一步的他，看著過去一直被他所遺忘的自己。這時，他才對在自己身上發現的許多事物感到驚訝。他不像個軟弱、愚鈍且懶惰之人，總是安於熟悉的事物之中，這樣的他讓自己十分驕傲。即便他長期受疾病與疲勞所苦，且病痛也會一再復發，但如今他已經再度半轉過身面對自己的生命，這也讓他得以感激地度過每一天。

尼采認為，這樣的自由意志機制，能從根本改善以悲觀態度看待每一天的厭世心態。就好像人在生病一段時間後恢復健康，便能維持一段時間的健康一樣，有了自由意志的人生智慧，便能為我們的健康開立處方。

第四階段：自由意志成為生命主人的完成期

到了這個時期，自由意志終於能讓我們找到解答，破解偉大的解放謎題。那個答案，就是「你是你自己的主人，也必須成為你美德的主人」。也就是說，過去美德是你的主人，如今你要把美德當成工具來使用。

至今，「愛你的鄰居」、「要謙遜」、「不能說謊」等美德是絕對的價值，也是你生命的主人。但如今尼采否定西歐傳統的形上學，也否定為基督教教義奠基的超越性價值的絕對性。他認為，所有價值的評價準則都必須在於自己。尼采認為，從自己的觀點來看，美德有時會是正確的，有時會是錯誤的，應採許相對的立場。尼采說：「你必須從所有價值評價中領悟觀點主義。」尼采所說的觀點主義，就是隨著自己生命的方式與觀點來改變認知之意。

尼采在《瞧，這個人》中提到：「自由意志是重新擁有自己，使我們自由的精神。」自由精神成為了美德的主人，也是使我們得以完整、成熟，散發甜美氣味的精神。年輕的靈魂經歷了關鍵的事件，脫離了過去束縛自己的角落與柱子。過去他或許認為那樣的生活微不足道、極為卑賤，而如今他將生活本身視為所有價值的評價準則。

尼采在《人性的，太人性的》第一卷中曾說：

「現在自由意志知道自己曾經服從於何種『你應該做的』，也知道現在能做些什麼，並了解現在做什麼都可以。這就足夠了。」

但據尼采所說，這樣的自由意志不存在於現在，過去也不曾出現。他只是為了需求，而提早著眼於自由意志而已。尼采坦承受到自身疾病與孤獨等負面狀況所苦時，為了維持好心情，他需要自由意志來代替朋友。

每個人在年輕的時候，都曾經想成為生命的主宰，幹出一番大事。但隨著時間流逝，沒能解決的問題越積越多，使得我們的心逐漸被現實所佔據。「如何才能跟好人結婚？」「如何才能進入更好的職場？」「該投資什麼才能賺大錢？」「該怎麼做才能瘦下來？」我們埋首在這一類現實的問題中，過著隨波逐流的生活。

為何如此？原因在於人生的危機已經找上門。人生在世，總會遇到難以預測的危機狀況。我們曾經相信某些事物就是自己的生活、曾經相信自己不能缺少某些東西。當那些事物全都消失，我們自然會感到絕望。但危機或許就是轉機。當你感覺迷失方向，就該立即與熟悉的事物道別。而配合這個時刻的到來，我們也必須改

對那些曾經以為不可或缺的事物、
曾經支配自我的超越價值提出疑問。

變。離開關上的那一扇門，開啟另一扇門，通向屬於自己的，全新的哲學世界，像尼采一樣對這個世界提出疑問。藉著對世界提出疑問，我們才能得到自由意志，並真正遇到人生的轉捩點。

ℓ

此刻在人生當中，

我們該面對人生最根本的問題。

「究竟是什麼使我活著？」

「該如何才能道別不滿足的人生？」

「該如何才能找到人生的基準？」

02

成為高潔的貴族

• 級距的激情 •

高貴的人會認為自身是裁定價值之人，因此不需要受到他人認可。他們認為「對我有害的東西本身就是有害的」，認為自己本身就是最初賦予事物價值之人。他們就是創造價值的人。

節錄自《善惡的彼岸》

中國戰國時代的思想家兼哲學家莊周所著的《莊子》第一篇〈無所有〉，便是從一種名叫「鯤」的巨大魚類，變身成為名叫「鵬」的巨大鳥類開始。

北邊那不知道有多麼廣大的深海裡，棲息著一種名叫鯤的巨大魚類。這鯤變身成為翅長不知有幾千里的巨大鵬鳥，這隻鵬鳥只要奮力展翅飛起，便會有如烏雲遮蔽天空。飛上九萬里蒼空的鵬鳥，背負著藍天、乘著強風頭也不回地往南方飛去。蟬與小鴿子看到那樣的鵬鳥便一起笑牠。蟬與小鴿子頂多只能飛上榆樹或樺樹的枝頭，有時甚至還沒飛上枝頭便掉落地面，因而不能明白鵬鳥為何要飛越九萬里前往南方。

莊子透過這個故事想告訴我們，「知識短淺之人無法觸及知識淵博之人的世界，壽命短暫之物無法觸及壽命綿長之物的境地。」也就是說，就像蟬與小鴿子完全不能理解把目標擺在遠大世界的鵬鳥，普通人也不能理解高貴之人的存在。這巨大鵬鳥的故事，與尼采所說的「高貴的人」有著相似之處。

高貴之人的模樣

尼采的作品《善惡的彼岸》最後一章標題是〈何謂高貴？〉。所謂的高貴，通常用於形容優異出色、社會地位較高的人。尼采在自己的哲學中，將人類的類型分為「主人與奴隸」、「強者與弱者」、「支配者與被支配者」、「健康者與生病者」、「超人與末人」等。依照尼采的說法，「高貴者」與「低賤者」是對立的兩種概念，所以他用「主人」、「強者」、「支配者」、「健康者」、「貴族式的人」，來形容高貴的人類。

那「高貴」對現在的我們來說代表什麼呢？簡單來說，可以是健康的自我狀態，也就是健康的自尊心。所謂的自尊心，是指人類認為自己存在有其價值的情緒。所以尼采所說的高貴的人，其實就是擁有健康自尊心的人類。關於高貴之人的特徵，尼采是這麼說的：

高貴的人對自己心懷敬畏

在《善惡的彼岸》中，尼采問：「什麼是高貴？」「高貴的人會依什麼而顯現、依什麼而被辨別？」尼采說，證明一個人是否高貴的不是這個人的行為，因為行為能做很多種解釋。他也說藝術家或學者的作品，不能用於證明一個人是否高貴。因為透過他們的作品所展現出來的，是對高貴的渴望，而那是一種危險的表徵，象徵他們缺乏高貴的靈魂。

尼采認為，決定一個人是否高貴的準則，是高貴靈魂對自身某種來自根本的確信，也就是一種信賴。比起渴望獲得他人認同，高貴之人更會先認同自己。換句話說，高貴的人會尊重自己現在的模樣。對自身心懷敬畏，就是提高自尊心的最佳方法。

但低自尊的人不會尊重自己。他們對自己的外表、個性有許多不滿，且認為自己並不幸福。他們不知道自己最該尊重、認同的就是自己，成天自我厭惡與自我批判。

高貴的人厭惡虛榮心

高貴的人會想對自己心懷敬畏，他們也不喜歡虛榮。虛榮心是一種虛有其表、只顧外表光鮮亮麗，不知謹守分寸的人才會有的心態。虛榮心是一種自我欺騙的行為。他們明知道自己沒有資格獲得優秀評價，卻依然相信自己給自己的好評價。高貴之人無法理解內心滿是虛榮的人。

奇怪的是，低自尊的人中，卻有許多人具備渴望誇飾自己的虛榮心。例如明明卡債纏身卻熱衷購買名牌，或購買超出自身財力的昂貴超跑或豪宅。這些人無法放棄虛榮，這樣的心態使他們無法肯定自己的生命。

人人天生都想獲得他人的認同，並藉此肯定自己的價值。像高貴的人這樣高自尊的人，也會在他人對自己做出好評價時感到喜悅。尼采說，這絕非虛榮心，因為高貴的人會賦予自己應有的價值。他們的生命是以自己為中心運轉，因此成功能讓他們感到喜悅，失敗也只要負起責任就好。

但低自尊的人會接納所有外界對自己的評價，尼采批評這樣的人是「對外界評價俯首稱臣的奴隸」。臣服於虛榮心的人會因所有好評價而喜悅，因所有壞評價而感到煎熬。低自尊的人生活總是仰賴他人，因此對失敗的埋怨與憎恨也總是指向他人。

高貴的人會理所當然地接受自己的自私

在《善惡的彼岸》中，尼采說「自私」屬於高貴靈魂的本質。自私指的是認為其他人理應服從自己、必須獻出自我的信念。高自尊的人認為世界是以自己為中心運作，因此高貴的人大多不喜歡向「上」仰望，他們喜歡自己站在高處，他們同時也認為他人與自己擁有同等權利。尼采認為這樣的細膩與自我限制，就是高貴的人所具備的自私最不同的一面。

重要的是，尼采這裡所說的自私，不是那種只在乎一己私利的偏頗心態，而是一種「健康的自私」。健康的自私是表達對自愛的方式。高自尊的人不會為配合他人的標準去建立不必要的人際關係，他們會理直氣壯且堅定地表達自己的想法，因此能維持健康的人際關係。

尼采在《查拉圖斯特拉如是說》中說：

「且因當時發生這樣的事，他以言語讚揚利己心。自靈魂中昇華而出，健全且健康的利己心是一種福。真正地，第一次！」

那我們該怎麼做，才能成為尼采口中的「高貴的人」？人生已經過了大半，如今我們該如何恢復低落的自尊？

成為能創造自我價值的高貴之人

尼采說成為高貴的人的第一個方法，是經歷「深刻的煩惱」。「人類將隨著能夠思考得多麼深入而區分級距」。經歷過深刻煩惱的人便會知道，他們的收穫將遠遠勝過那些大聲說自己最為賢明的人。

尼采在《善惡的彼岸》中提到「級距的激情」（Pathos der Distanz），這是他認為成為高貴的人的第二個方法。

「若統治階級未能深刻感受到級距差異，只是不斷監視、壓制和排斥被征服者與被支配者，便不會有由於不斷的從屬、命令、壓迫和排斥而產生的級距的激情。而那更為神秘的激情，即靈魂本身對級距不斷擴大的渴望、對靈魂能更高、更珍稀、更遙遠、更寬大、更包容的渴望，也將完全不會產生。換言之，『人類』的提升、『人類不斷的自我克服』將不會發生。」

尼采口中級距的激情，指的是身分之間、階級之間的差異。級距的激情，可以說是強者、高貴者、高階層者所具備的潛在差別感或優越感。這與弱者、卑賤者的「無名怨憤」，也就是所謂怨恨的情緒是相對立的概念。

尼采在《道德譜系學》中提到，比起低級的人、劣等人、庸俗之人、卑賤之人，「好人」對自身與自身行為的評價會是好的、卓越的、最佳的。他們是能從級距的激情中創造自我價值的高貴之人、強大知人，他們昂首闊步且崇高。對高貴的人來說，「好」這個根本概念首先源於自己，接著才會衍生出「壞」這個觀念。高貴的人透過級距的激情，從與卑賤之人的差異中，感受並評價自己與自身行為的「好」。同時，高貴的人也認為自己就是定義自身價值的人。在評價任何事物時，他們都是站在自己的立場，不會站在他人的立場。

高貴的人藉著級距的激情與他人保持距離，明知孤獨所具備的毒性多麼強大，他們卻也享受孤獨。尼采也說，級距的激情是靈魂深處時常想擴大級距的渴望。級距的激情是一種與自身當前內在保持距離，並不斷自我克服的態度。就像《莊子》中飛上九萬里蒼空，頭也不回地往南去的鵬鳥，我們必須懷抱成長的渴望，讓自己往更高、更遠、更寬廣的世界前進。

藉著「級距的激情」，任憑世界如何批評、輕視我們，我們都能維持不受動搖的自尊。同時，我們也能成為克服自我的完整人類。你是要成為能夠遠眺一切的高貴之人？還是要成為埋首於日常、安於現實的卑賤之人？四十歲，度過餘生的同時，我們也需要成為自己最靈活的試金石，辨明自己想要成為怎樣的人。

不比較他人與自己，肯定自己的力量，

便是高貴的四十歲所該具備的態度。

03

如閃光一般降落、劈裂、粉碎

• 鍾子 •

我不會建立任何新的偶像；舊偶像終究會明白他們的腳是泥土做的。偶像（我用於表示「理想」的詞）的破壞——已經是我工作的一部分。理想的世界有多少遭到捏造，實際的價值、意義與真實性便也消失了多少……「真實世界」與「虛擬世界」——若照實說：捏造的世界與實存……名為理想的謊言如今已是對實存的詛咒，而就連人類對這謊言最深層的本能都變得不正直，變得錯誤——人類所崇拜的價值，與保障他們的成長與未來，以及與未來有關之權利的價值恰恰相反。

節錄自《瞧，這個人》

對四十歲的你來說，最重要的事情是什麼？有些人會說，終生無法實現的夢是他的一切，他只是專注追逐那個夢想；有些人會說，基於當下的生計問題，金錢與名譽更勝夢想，這才是當下最重要的事物。

看待世界的觀點能藉由著重追逐夢想、追求現實，區分為理想主義和現實主義。所謂的理想主義是無視現實，只專注於虛幻人生的態度。比起專注於現實，理想主義更聚焦於遙遠的未來或可能性。而現實主義是重視眼睛所見的物質價值，換言之，現實主義者更專注於當下所遭遇的問題。

義大利畫家兼建築師拉斐爾·聖齊奧，與李奧納多·達文西、米開朗基羅等人並列文藝復興時期的三大天才藝術家。拉斐爾的濕壁畫《雅典學院》，就在梵蒂岡博物館的西斯汀禮拜堂裡。畫作中央站著兩名古代希臘哲學家，左邊的柏拉圖手指著天，右邊的亞里斯多德手指著地。兩人的手之所以指著不同方向，是因為柏拉圖重視理想世界，而亞里斯多德重視現實世界。所以我們通常會稱柏拉圖為理想主義者，亞里斯多德為現實主義者。柏拉圖與亞里斯多德的哲學，可以說是西方思想的兩大支柱。那在理想主義與現實主義之間，尼采對生命又是抱持著哪一種態度？

一八八八年四月，尼采下榻義大利杜林的小旅館。這個時期他出版了許多作品，依序是《華格納事件》、《偶像的黃昏》、《反基督》、《瞧，這個人》、《尼采反對華格納》等，都是在短時間內完成的著作。其中，尼采以「一本小小的書做了重大宣告」來形容《偶像的黃昏》。尼采說，比起真理，這世上存在著太多偶像。從《偶像的黃昏》的副標題「或怎樣用錘子從事哲學」就能看出，尼采試圖用錘子破壞偶像，所以我們稱他為「拿著錘子的哲學家」。尼采嘗試用「錘子」破壞既有哲學，並建立新的哲學。

尼采在《瞧，這個人》當中曾經說，偶像是用來代表理想的詞彙。偶像代表被人們奉為真理，至今深信不疑的理想世界。那不是一個時代的偶像，而是對歐洲人造成巨大影響的哲學、文學、道德、政治、藝術等所有領域的思想。那想破壞偶像的尼采，是否更接近現實主義者？為了更具體了解尼采所說的偶像為何，我們首先要了解柏拉圖主張的理型論。

洞穴裡的世界與洞穴外的世界

柏拉圖對話錄《理想國》中的「洞穴寓言」，是西洋哲學史上最著名的寓言。他要我們想像一群生活在地下洞穴裡的囚犯。這些人從小就在這裡生活，脖子跟腳上都戴了鐐銬。由於他們無法回頭，因此臉只能朝著洞窟的牆壁。從他們身後很遠的地方，一道光照亮了他們。囚犯們不曉得這道光從何而來。在那道火光與囚犯之間有座矮牆，看上去就像是用來表演木偶戲的舞台。人們總是沿著那座矮牆，搬運用石頭、木頭等各種材料製成的人類與動物形體。受鐵鍊所困的囚犯相信，人們走動時因火光而投射在洞穴牆上的影子是真實存在的實體。因為囚犯們這一生都只看著投射在牆上的影子，因此他們不曉得在影子之外還有別的世界。

柏拉圖問：

「那萬一他們之中有一名囚犯解開鐵鍊，轉過頭去會怎麼樣？」

起初，他會因為火光太過刺眼而感到痛苦。若囚犯一直以來都看著映照在牆上的影子，並深信那是真的，肯定會在發現影子並非實體之後感到慌亂。如果有人硬是把囚犯拉到洞穴之外，讓他沐浴在陽光之下，那又會如何呢？他肯定會因為陽光太過明亮，一時之間什麼也看不見。接著他會漸漸看到影子、人或事物映照在水面上的倒影，然後看見事物真實的形體，最後才看見太陽。

這名囚犯領悟到，洞穴外的世界才是真實世界。他開始覺得還在洞穴裡的囚犯非常可憐，他重新回到洞穴裡。已經熟悉光亮的他，若想在黑暗的洞穴裡重新找回視力，必須花費許多時間。剩下的囚犯嘲笑他，說他是離開洞穴後便失去了視力。無論如何跟這些囚犯解釋，說他們所看到的形體只是影子，洞穴外有著真實的世界，這些囚犯都無法理解。若這名重回洞穴的囚犯，說要替剩下的人解開鐵鍊，帶他們到洞穴之外，那他或許會被所有人殺死。

柏拉圖想藉洞穴寓言告訴我們什麼？他將世界分為洞穴之外與洞穴之內。洞穴內的世界是透過人類的感覺理解的世界，而洞穴之外的世界，則是只能透過理性理解的世界。對柏拉圖來說，感覺的世界會變化且相對不完整，是假想的虛擬世界。唯有不變、絕對且完整的理念世界才是真正的世界。他認為我們透過親眼所見、親耳所聽獲得的不是真的知識，只是「俗見」（Doxa）。唯有透過理性之眼才能看到的，也就是所謂的「真知」（Episteme），才是真正的知識。

執錘的哲學家，粉碎世界

被尼采歸類為偶像並意圖以錘子粉碎的對象，是將世界分為真實世界與假想世界的柏拉圖哲學。因為柏拉圖貶低、否定這個虛假世界的生命。此外，尼采也認為以柏拉圖二元論所發展出來的基督教和康德主義都是頹廢的，是應該衰敗的對象。

尼采在《偶像的黃昏》當中，以六個階段說明破壞真實世界偶像的過程。

第一階段：柏拉圖的真實世界

代表賢明者、虔誠者、有德者所能到達的理念世界。他就生活在那個世界裡，他就是那個世界。

第二階段：基督教的真實世界

尼采認為，基督教是為一般大眾量身打造的柏拉圖主義。雖然不可能到達基督教的真實世界，但賢明者、虔誠者與有德者（以及「悔改的罪人」）卻能前往約定的世界。那可以透過自身的努力到達。

第三階段：康德的哲學

康德將世界二分為現象界與物自身界。他認為在生成與消滅的現象界之外，還有物自身界乃至睿智界。那裡雖非人的理性所能認識，卻是為了做出合乎道德的行為所必須相信的世界。這些真實世界無法到達、無法證明，更無法承諾。雖無法透過感覺去體驗，卻能夠去思考，是一種安慰、一種義務，也是一種命令。

第四階段：十九世紀康德以後登場的實證主義時代

實證主義認為，只有能透過感覺體驗的世界才能算是真正存在，因此絲毫不關心所謂的真實世界。真實世界是無論如何都無法抵達的世界，也因而無法認識。因此不存在安慰、回報與義務。尼采稱這個狀況為「黎明的朦朧」、「理性的第一個哈欠」。

鍾子能讓我們擁有打破既定觀念的勇氣，
也能帶給我們創造新事物的力量。

第五階段：變得不必要且沒有用處的真實世界

當人們開始不關心真實世界，真實世界便逐漸成為毫無用處的觀念，也不再是規範我們的義務。不必要的多餘觀念，最終會開始遭到反駁。現在我們開始在這個不斷創造、改變的現象世界裡，也就是在我們所居住的世界，自由地感受各種喜悅。尼采以「柏拉圖感到尷尬，所有的自由精神都將引發大騷動」來形容這樣的改變。

第六階段：完全清除的真實世界與現象世界

在最後的第六階段，尼采破壞了哲學家們數千年來創造的「概念木乃伊」，也就是一直被當成偶像崇拜的真實世界。因為尼采認為，所謂的真實世界，只是依附在假想世界上被編造出來的東西。真實世界才是理想世界的謊言，是對實存事物的詛咒。

尼采問我們，如今究竟還剩下什麼世界，我們會回答只剩下「假想世界」這個現象世界。但尼采卻連這個現象世界都一起清除了。從結論來看，尼采來到第六階段後，已經成為了現實主義者，消除柏拉圖口中真實世界與假想世界的二元論。現在只有我們所居住的現實世界，是唯一實際存在的世界。

現在，查拉圖斯特拉將在影子最短的時刻，在偉大的正午登場。

不被虛像迷惑的方法

從四十歲開始，為了實現夢想，我們必須懂得區分可實現的理想與虛幻的妄想。我們的人生所剩無幾，不能繼續浪費在追逐人人都知道不可能實現的、有勇無謀的夢想上。過度相信理想主義時，源自於理想主義的妄想便會成為囚禁自己的牢籠。當經濟上得到一定程度的穩定時，很多人便會成為極端的理想主義者，這樣的人會過度脫離現實。他們會把自己關在房間裡，並且絲毫不懷疑、反駁自己一直以來深信不疑的想法。

讓我們用尼采的錘子粉碎空虛的夢想，別整天陷在空虛的妄想與觀念之中。即使人生很煎熬、很痛苦，但唯有不斷挑戰與嘗試之人，才能將自己所夢想的理想化作現實。我們必須努力，讓自己脫離虛幻偏頗的妄想世界。

理想主義者有強韌的意志力與決斷力，相信自己的夢想一定會實現，卻有一個最大的問題，使他們無法追上意志力與決斷力的腳步。是什麼讓夢想不只停留在理想階段，而是能夠持續前進？那就是尼采的錘子。當你在理想與現實之間徬徨時，尼采的錘子就是幫助你實現理想的工具。在尼采的哲學中，錘子既是破壞過去的手段，也是創造新事物的方法。尼采在《偶像的黃昏》中說道：

「如果你們的堅決不如閃電一般劈落、切斷、粉碎，你們要如何與我一同創造未來？」

現實主義者告訴落入虛幻妄想的理想主義者，要他們正視現實。只會做夢的人，會是完全無法適應現實社會的一群人。當這樣的理想主義者從偏頗的刻板印象中解放時，他們便能夠不執著於任何事，可以放下一切。因此理想主義者需要能夠稍稍接受現實主義者。

當然，過度現實的人，也會有面對事情偶爾過度悲觀的問題。尤其現實主義者談論夢想時，聽到周遭的人說「還是做你原本在做的事吧」、「爬不上去的樹就別多看任何一眼」時，他們便非常容易放棄。他們就像跑在財富的快車道上，花費過多的心思追求財富與成功，並逐漸忘記自己真正的願望，乃至於遺忘自己是誰。

無法扭轉的過去、尚未來到的未來才是假想世界。當我們從對過去與未來的無謂執著中獲得自由，才能真正把當下過得充實。這樣的人生在拉丁文中稱為Carpe Diem，通常翻譯為「活在當下」。別被過去不好的記憶或對未來的不安所影響，專注地活在當下，把當下這一刻過得充實，就是現實主義者尼采的精神。若因為厭惡痛苦的現實而刻意忽視現實，只專注在遙遠的未來，那你便絕對不可能看見此刻那些你必須愛的事物，更無法專注在當下。

讓我們準備尼采的錘子，

用以粉碎對不存在事物的後悔與擔憂。

04

忘記使幸福變成幸福

• 忘卻與記憶 •

無論是微小的幸福或巨大的幸福，能讓幸福成為幸福的條件只有一個——能夠遺忘。以更為學術的方式表現，便是在維持自我時，能夠感受到這一切不是歷史的能力。

節錄自《不合時宜的考察》第二卷

隨著年紀增長，有多少個夜裡，你會一一將過往的事物掏出來檢視，致使自己夜不成眠？過去的回憶如一部電影般生動，清晰地在眼前浮現。試著回到過去，你會驚訝地發現你以為已經遺忘的事物，都層層堆疊在記憶的角落。那些因太過痛苦而試圖遺忘的悲慘回憶、太過珍貴而深埋在心中的回憶都一一活過來，緊緊掐住現在的你。你會發現自己無論如何想要遺忘，都只能困在眾多記憶的墳墓之中。

當一個人受困於過去的記憶，便會以過去作為評斷一切的標準。這樣的人即使身體活在現在，心靈仍活在過去。無論記憶是好是壞，一旦受困其中無法自由，我們便無法享受自由的人生。那我們究竟該怎麼做，才能從過去的記憶中獲得解放、得到自由？

忘卻的力量

我們前面已經看過用駱駝、獅子和小孩，來比喻達到超人的精神三階段變化。尼采建議我們，為了成為克服自我的超人，在變化的最後階段，我們要活得像個小孩。小孩的特徵有「天真無邪」、「忘卻」、「新的出發」、「遊戲」、「自己轉動的水車」、「最初的呼吸」，以及「神聖的肯定」等。其中忘卻，也就是能夠遺忘的能力，可說是只有年幼的小孩才擁有的最大特徵。但我們為何要像小孩遺忘，擁有能夠忘卻的力量呢？

尼采在《道德譜系學》中以〈飼養能夠守約的動物〉為題，闡述與忘卻和記憶有關的內容。這裡「能夠守約的動物」指的就是人類。他認為人類跟其他動物或植物不同，能夠做出約定，也必須要遵守約定。我們從小便在家庭與學校中，學到人必須遵守約定。所以我們一直認為人有遵守約定的義務，若無法遵守約定，內心會感到抱歉，也會受到良心的譴責。但我們之所以會忘記約定，原因就在於忘卻。

所謂的忘卻，是指我們只接受經過辨別、選擇的事物的能力，那是一種主動且積極的阻撓能力。尼采將忘卻的過程比喻為身體消化食物的過程。當我們吃下食物進行消化時，我們不會意識到這個過程歷經了上千個步驟。同樣地，忘卻是我們經歷、接受過去，並將記得的事物經過消化後，使其不會浮現在意識中的過程。尼采在《道德譜系學》當中，說明了忘卻所具有的三個作用。

忘卻能讓我們暫時獲得休息

若不想在與他人的競爭中落後，我們必須強力逼迫自己，使自己能夠達到最高層級的理想。但尼采說，每一次這麼做，我們都會累得喘不過氣，最終只能半途停下。這時候我們所需要的就是休息。尼采說，休息是鼓舞人心且使人安定的，也是為了維持清醒的神智所不可或缺的，忘卻能使意識之門與窗戶暫時關閉。

這樣主動的忘卻，是使我們的靈魂維持秩序、穩定與禮儀所必需的其中一種力量。忘卻是靈魂的守門人、是朋友，也是健康的管理者。那些忘卻之力出了問題的人，尼采比喻為消化不良的患者。萬一忘卻的抗拒能力出現問題，使我們腦袋中充斥著無數無用的想法，我們或許會罹患精神分裂症或是偏執症。

忘卻能發揮塑形的力量，

帶給我們治癒傷口與成長的時間

創傷的英文源自於拉丁文的「Trauma」，意為「大傷口」。創傷源自於過去經歷的事件，例如幼年時的負面經歷、車禍等各種意外、被他人施暴、遭遇暴力等眾多事件。

許多中年人會因為心愛的家人、朋友突如其來的死亡、與配偶分居或離婚、事業失敗等經歷，留下無法抹滅的傷口，進而使得這段時期比人生其他任何時刻都要痛苦。那段傷痛的重量，使他們無法重新開始，進而使人生停滯，最終使得中年人比任何階段的人都要更習慣創傷。從尼采的觀點來看，我們該如何才能放下創傷？

尼采在《不合時宜的考察》第二卷中提到，若不想挖掘現在的墳墓，就必須明確認清「塑形力」有多麼巨大。那麼何謂塑形力？從字典上的定義來看，塑形力是「創造形態的力量」。尼采認為塑形力是我們以自己固有的方式成長，將過去的事物與陌生的事物變形並內化的能力。換句話說，就是能夠治癒過去的傷口、替代失落的事物、修復破碎自我的能力。

一個人有沒有塑形力，會造成很大的差異。首先，沒有塑形力的人，會因為一個小小的傷害而陷入不幸。而擁有塑形力的人，則是無論生命中遇到多麼可怕、駭人的災難，都能夠不受任何影響，維持健康的平常心。

總而言之，忘卻能使人盡快遺忘過去所受的傷。塑形力則等同於恢復力，能讓過去的傷痛所留下的痛苦與考驗，都變得更有意義。我們透過忘卻與塑形力治癒過去的傷痛，並透過那些傷痛成長。

尼采在《偶像的黃昏》中說道：

「人的精神因傷痛而成長，而湧現力量。」

為接受新事物，需要在意識中清出空間

尼采認為，若沒有忘卻，我們將不會獲得任何幸福、不可能過著開朗的生活、不會有任何希望，更不可能得到任何榮譽，就連名為現在的這一刻都不會存在。因此，為了接受新的事物，我們需要先清出一些空間。越容易遺忘的人，幸福指數就越高。

許多不幸所留下的記憶，點綴著我們的人生。例如不得不分離的愛情、父母去世後無法再與其相見的悲傷、對某個使自己墮落之人的憤怒與憎恨、突如其來的失敗造成的挫敗感等等。沉浸在這些過往回憶中的人，無法以正向的態度活在現在。唯有當一個人能拋開過去的負面情緒時，他的內心才會產生空間，讓現在的人生能夠擠入其中。因為我們能夠忘卻，才不會受過去的記憶所困，才能幸福地活在當下。尼采認為，忘卻是「強大健康的一種形態」。

活得健康所必需的兩樣工具

與忘卻相反的能力是「記憶」。但記憶不像使人備受煎熬的過去，不是必須抹除的對象。尼采認為，記憶就像我們必須守約，是一種絕對不想遺忘某些事情的「主動積極狀態」，它能夠清除忘卻。這裡所說的記憶不是傷害所留下的創傷，不是一種無法跳脫某種既定印象的被動狀態。記憶就像「我想做」跟「我要做」一樣，是一種正向的意志。尼采認為，只要能好好運用與生俱來的記憶能力，就能使未來依照自己的期望發展。

尼采認為，為了維持精神上的健康，忘卻比記憶更加重要。為了成為超人，我們需要小孩的「能夠遺忘的力量」。能夠遺忘的力量是使人類持續感到幸福的力量，也是一種手段。所以尼采才會說：「無論是微小的幸福或巨大的幸福，能讓幸福成為幸福的條件只有一個——能夠遺忘。」

所以說，忘卻與幸福的關係可說是成正比。當你每跨過一個人生的時刻，卻都無法遺忘過往，而是因後悔和恐懼停下腳步，那此刻的你絕對不可能感到幸福。若你腦海中的雜念不斷累積無法清除，腦中便會塞滿一堆情緒垃圾。因此我們必須學會遺忘，與糾結於過去的自己道別。遺忘與記憶是我們為了使人生健康、美好而不可或缺的工具。為了健康的人生，遺忘與記憶必須達成均衡與和諧。

我們必須適時記住。

我們必須適時遺忘。

05

嘔心瀝血

• 格言 •

我只愛著那些用血書寫的文字。用血去寫吧，那樣一來你便會明白，你的血即是你的精神。

節錄自《查拉圖斯特拉如是說》

一八八八年是尼采仍能稱得上健康的最後一年。那年七月，他寫了《華格納事件》，八月寫了《偶像的黃昏》，九月完成了《反基督》。接著在一八八八年十月十五日迎接自己的四十四歲生日，為了向世人宣揚自己的思想與作品，他開始書寫自傳《瞧，這個人》，並在十一月四日完成初稿。

「我為何如此智慧？」

「我為何如此聰明？」

「我為何寫得一手好書？」

「我為何是命運？」

如上所述，我們能從《瞧，這個人》的各章節標題中，看出尼采對自己與自己的思想感到十分驕傲。他在隔年，也就是一八八九年出現精神異常的症狀，接著直到一九〇〇年去世之前，都處在精神失常的狀態下。他彷佛已經預料到自己的命運，便決定透過這本自傳，描述自己至今探索哲學的知性過程。尤其《瞧，這個人》第三章的標題，之所以會定名為「我為何寫得一手好書」，是因為當時的讀者沒能好好理解尼采的作品，他對此感到惋惜。對自己的文字如此有信心的尼采，是如何寫作的呢？

造就尼采的寫作

用全身去寫

尼采在《查拉圖斯特拉如是說》裡提到：「我只愛

著那些用血書寫的文字。用血去寫吧。」這裡的「血」代表生命的本質，也代表人生。因此用血去寫，可以解釋成「寫出有生命的文字」。

尼采在某次寄給莎樂美的一篇關於文體的筆記中，提到寫作時「最不可或缺的便是生命，因此文體必須是活的」。具有生命力的文字，不是坐在書桌前就能想到的想法或觀念。那些在你因孤獨而掙扎時，能帶給你安慰的文字、能如實承認生命中眾多傷痛的文字、令你想踏上旅程，在旅途上興奮地跑得上氣不接下氣的文字，會不會就是生命的哲學家尼采口中的「用血書寫的文字」？簡言之，用血書寫的文字，就是用「全身」去寫的意思。用全身體驗的人生智慧融入血管之中，並用文字來呈現這樣的「血」，便能使其化作「精神」永遠流傳。儘管尼采已死，但他用血書寫的文字卻化作精神，永遠陪伴在我們身邊。

尼采在《偶像的黃昏》裡說道：

「坐著不動是違背了神聖精神的罪，唯有在行走中獲得的思想才具備價值。」

好的文字能反映生命所指向的多種面貌。尼采的格言，藉著生命無限的可能性，為我們指出能夠行走的道路。尼采因健康因素而辭去巴塞爾大學的教職後，連一間能用來寫作的書房都沒有。十年來，他夏天在阿爾卑斯山地帶，冬天則在溫暖的地中海沿岸流浪。他在旅途中寫作。他在尋找生命意義的旅行之中，與肉體和精神的疾病展開激烈的對抗，並將過程中獲得的想法化作無數的文字與格言流傳下來。我們甚至可以說，尼采的思想是在路上誕生的。所以尼采在《快樂的科學》當中才會說：「我不是只用手寫作，希望腳也能時常陪伴著寫作的人。」

以迫切的心為自己寫作

尼采藉查拉圖斯特拉的嘴，告訴我們「若所有人都學會閱讀，最終不僅寫作，連思考本身也會腐壞並枯竭」。

現在我們去大型書店看看，便會發現每個星期都會有大量的新書出版。尤其寫作文化普及之後，出書變得比以前更容易了。但大部分的書收錄的內容，都是作者透過親身經歷與體驗，所了解到的知識與情報。至於書寫個人洞察的書則相當稀少。

人們為何會為了大眾而寫出低級且沒格調的文字？

尼采批評這是因為人們不是為了自己而寫，是為了他人而寫。也就是說，我們在寫作時，不能為了讀者創作，而是必須為了自己創作。尼采在《人性的，太人性的》第二卷中強調，寫一本書必須要有筆、墨水與書桌，且不要去寫未經過充分思索、不夠真摯且沒有靈魂的文字，我們必須讓自己成為思想家。但一般人的情況卻恰好與這相反。許多人只是因為有筆、有墨水、有書桌，也就是在滿足可以寫作的條件後便嘗試寫作。尼采批評，因此而生的書籍，就只有傳達知識這樣一種用途。

寫得簡單且簡潔

尼采在《人性的，太人性的》之後的作品，大多選擇以格言的形式來進行哲學寫作。《道德譜系學》、《悲劇的誕生》、《不合時宜的考察》等採取論文形式則是例外。「格言」(Aporism) 代表箴言、警句之意，是將自己親身體驗且有深刻體悟的真理，用簡單且簡潔的文章呈現出來。尼采在《偶像的黃昏》當中，便自稱是德國第一個用格言來書寫創作的權威。尼采喜歡以格言手法寫作的原因有三個：

寫出出色的文字，
代表你有許多出色的想法。

第一，因為健康問題，尼采不得不以短小卻極具震撼力的格言文體寫作。《人性的，太人性的》是他第一本為每一段落編號的書。在寫作當時，尼采深受疾病所苦。每當他的頭痛短暫消退，讓他恢復清醒時，他便會趕緊把浮現在腦中的想法寫在手中的筆記本上。有時在森林中散步，腦海中突然浮現什麼想法，他也會趕緊記錄下來，因此只能以格言的形式書寫。

第二，尼采說，文字不要經常反覆，不要寫得又長又難懂。好的文字，是既簡潔、簡短且能濃縮許多內容的文字。尼采認為，要通往哲學真理之路，不是只能靠過去德國學者們追求的艱澀難懂的文字。他曾經說過，他的野心是「用十句話把其他人用一本書說完的事情，或用一本書無法全部說完的事情說完」。

此外，尼采也反對哲學研究的系統化，因此他選擇以格言來表達他的精神。我們曾經學過，文章的架構應該要是「序論、本論、結論」，或需要有「起承轉合」等編排。但尼采認為，這樣重視架構與邏輯的哲學寫作，無法將生命多變的樣貌完整記錄下來。試圖建立架構的想法，其實是缺乏誠實性（正直性）的表現，因為我們的人生其實包含許多錯誤。尼采認為，正是多虧了這種簡短卻強烈的寫作手法，他才能夠寫出破壞既有價值，創造全新價值的文字。

第三，尼采不希望自己的文字只有一種解釋。他希望讀者能主動參與，做出各種不同的詮釋。格言能幫助讀者進行開放性思考。只是尼采碎片式的思維，化成簡略且沒有前後說明的格言後，讀者該如何理解就成了最大的難題。尼采也承認，自己的著作並不好理解。在《道德譜系學》中他曾經說，即使有些人抗拒他的著作、覺得他的著作難懂，那責任也不在他身上。他解釋了格言形式的文字之所以難懂的原因。

「格言形式的文字，在理解上確實有困難。這是因為現在的人，太過不認真看待這個形式的文字。經過千錘百鍊後寫出的格言，不是讀過去就能『解讀』的東西。而必須在閱讀的同時便開始理解，為了這樣的理解，必須擁有理解的技術。」

尼采認為，自己以格言形式寫成的書，無法只靠單純的閱讀來理解。這些格言需要「解讀」的過程。在閱讀的同時，還必須去解釋其中的涵義。因為尼采所寫的格言沒有前後說明，只有經過濃縮的文字與許多暗示。他說，要練習解讀的技術，首先必須花費足夠的時間讓自己「能夠閱讀」。

尼采口中的好文字，簡言之便是用血與格言所寫成的文字，而這也正是尼采的寫作策略。那我們這些讀者，該如何閱讀尼采以血和格言寫成的文字？尼采說，那些以血和格言寫作的人，「渴望的不是被閱讀，而是被背誦。」這裡所說的不是那種走馬看花、隨便看看的膚淺閱讀，而是將書中的內容一一吸收，讓「知識內化」的意思。讀者無法只靠一次閱讀便理解格言。尼采說，讀者必須像牛不斷反芻，一再重複閱讀這些格言。

尼采在《人性的，太人性的》第二卷說：「每個人都應該學會如何優秀且不斷進步地創作。」尼采口中「不斷進步地創作」，是要我們在思索上不斷進步。說到頭，善於寫作代表的便是能有許多優秀想法的意思。

若你在四十歲之後，希望人生能過得比以往更加出色，那就需要依照尼采說的，學會如何優秀且不斷進步地創作。我們此刻正走在怎樣的人生路上？當你日復一日地過著令人倦怠的日常，不如就像尼采一樣，踏上尋找自我的旅程吧。將你在旅行中用全身經歷的、看到的、聽到的、品嘗到的、嗅聞到的、觸摸到的，以五感感受到的一切，用屬於你自己的文字寫下來吧。這樣一來，你就能跳脫過去的陳舊生命，迎接全新的人生。

e

將融入血管裡的人生智慧表達出來。

那就是最鮮活的文字。

06

藝術生命的偉大興奮劑

• 平靜與狂熱 •

藝術是生活的偉大興奮劑。然而，我們怎麼能將它理解為沒有目的和目標的事物，認為藝術僅僅只是藝術呢？

節錄自《偶像的黃昏》

電影《午夜・巴黎》描述一名男子十分嚮往一九二〇年代富含藝術氣息的法國巴黎，並真的穿越時空回到一九二〇年代所發生的故事。主角「蓋爾」在那裡遇見海明威、費茲傑羅、畢卡索等文學家與藝術家。

電影的開場花了幾分鐘的時間，讓觀眾欣賞巴黎美麗的景色，並藉此擄獲了觀眾的心。從悠悠流淌的塞納河、象徵巴黎的艾菲爾鐵塔、著名紅色風車的紅磨坊、雄偉的凱旋門、人聲雜沓的咖啡街、雨後濕潤且浪漫的巴黎後巷，到羅浮宮與凡爾賽宮。電影裡的浪漫風景，令許多人嚮往到巴黎旅行。尤其是看到法國人坐在露天咖啡座，悠閒地品嘗一杯咖啡、享受孤獨的模樣，實在與成天只求「快」的韓國人有著天壤之別。

平靜的藝術與狂熱的藝術

尼采於一八七二年出版他的第一部著作《悲劇的誕生》。在這本書裡，尼采以「太陽神阿波羅」與「酒神戴歐尼修斯」，來介紹看待藝術的兩種精神。尼采說：「藝術的發展，是阿波羅精神與戴歐尼修斯精神的二元對立與結合。」阿波羅與戴歐尼修斯這兩個名稱，是借用了希臘神話中神祇的名字。為了能更透徹地裡解《悲劇的誕生》，我們必須先認識在希臘羅馬神話中登場的這兩位神祇——阿波羅與戴歐尼修斯。

「阿波羅」是宙斯與女神勒托的兒子。他是奧林帕斯十二神之一，為太陽神，掌管音樂、詩歌、藝術與射手。又名「福玻斯」。由於他是預言之神，因此位在德爾菲的阿波羅神殿，以能獲得神諭、看見未來而聞名。阿波羅象徵光、理性、預知力與藝術。

而「戴歐尼修斯」則是宙斯和人類塞墨勒的兒子，在羅馬神話中的名字叫做「巴克斯」。他是葡萄樹與葡萄酒之神，也是豐饒之神，掌管喜悅、瘋狂與幻境。他曾經兩次出生，是死後復活的復活之神。

阿波羅作為光之神，為「發光者」，也因此被稱為「福玻斯」。他代表光亮、理性、秩序、均衡、預知、夢境、假想等。因此「阿波羅式的事物」，即為有形的藝術，也就是雕塑與視覺藝術所展現的力量。而戴歐尼修斯則象徵無秩序、沉醉、幻境、強大的生命力等。因此「戴歐尼修斯式的事物」，則是無形的音樂藝術所展現的力量。

尼采提出「阿波羅」與「戴歐尼修斯」兩種藝術力量的概念。他認為這兩種力量不需經由人類這些藝術家，是由自然所產生的，源自自然的藝術衝動。所有藝術家都只是「模仿者」，因此尼采在《悲劇的誕生》中，將藝術家分為阿波羅式的夢想藝術家、戴歐尼修斯式的沉醉藝術家，以及兼具沉醉與夢想的藝術家等三種類型。

尼采認為，在「阿波羅」與「戴歐尼修斯」兩種藝術衝動的巨大對立與對抗之下，才會催生出古希臘悲劇的藝術與文化。換句話說，希臘的悲劇是一再藉由戴歐尼修斯式與阿波羅式的創新，進而相互強化、成長的結果。

希臘悲劇三傑分別是希臘悲劇創始者「艾斯奇勒斯」、使希臘悲劇走入鼎盛時期的「索福克里斯」，以及較前面兩位創作者晚出生的「尤里比底斯」。艾斯奇勒斯的作品有《被縛的普羅米修斯》、《阿伽門農》等。我們所熟知的《伊底帕斯王》和《安蒂岡妮》，則是索福克里斯的作品。最後一位尤里比底斯，則留下了《美狄亞》等作品。

尼采認為，艾斯奇勒斯與索福克里斯的悲劇作品，是阿波羅精神與戴歐尼修斯精神達到平衡的結果。到了尤里比底斯的時期，時代則受到蘇格拉底的理性哲學所主導，因此全能的戴歐尼修斯精神，已經從悲劇作品中被分離出來。尼采在《悲劇的誕生》中提到，希臘的悲劇藝術作品滅亡，是肇因於戴歐尼修斯精神與蘇格拉底精神的全新對立。換句話說，尼采認為我們能從受蘇格拉底與其精神支配的尤里比底斯身上，找到希臘悲劇沒落的原因。尼采曾經相信，蘇格拉底的樂天主義精神，使希臘悲劇文化中的戴歐尼修斯力量式微、消失，而華格納的音樂能使這樣的精神再度復活。但後來尼采與華格納徹底訣別，也就放棄悲劇復活的力量。

那麼，就尼采看來，藝術在我們的生命中究竟具有什麼意義？

藝術如何改變生命

所有藝術都是為了生命

尼采在《偶像的黃昏》中提出以下這些問題，讓我們思考藝術是否能夠不帶任何目的，單純理解為「只為藝術存在的藝術」。

「所有的藝術都在做什麼？」

「藝術不是在讚揚嗎？」

「藝術不是在讚美嗎？」

「藝術不是在選擇嗎？」

「藝術不是在挖掘嗎？」

如同尼采的提問，藝術家最深層的本能是向著藝術嗎？還是向著藝術所代表的意義，也就是向著人生呢？這些問題，尼采用「藝術是生命的偉大興奮劑」來回答。也就是說，藝術是為了生命存在的偉大興奮劑；藝術能喚起人對生命的關注；藝術能使人以正向的觀點看待生命的樣貌；藝術告訴人們，即便生命是痛苦的，它依舊很美好。

尼采認為藝術是為了生命所存在，因此不能理解為沒有目標與目的，「只為藝術存在的藝術」。因此尼采在一八八六年新版的《悲劇的誕生》序言〈自我批判的嘗試〉中，提到「學問關注的是藝術家手中的光影，藝術關注的是人生中的光影」。他還說「藝術為生命植入的喜悅強度與多樣性，是希望即使在藝術消失之後生命也仍然滿盈。做學問之人會使做藝術之人更加成長」。

藝術呈現生命中醜陋、殘酷且充滿疑問的事物

厭世主義者叔本華曾說，藝術是讓人「從意志解放」的方法。也就是說，藝術不過是使人擺脫生命痛苦的逃避手段。對叔本華來說，藝術只是一種治療手段，用於使不斷湧現的欲望短暫平靜。尼采看待藝術的觀點則與叔本華不同。尼采認為藝術在正視強大、巨大的災難、令人顫慄害怕的問題時，能夠為人帶來勇氣、使人更加沉著。

尼采在《尼采反對華格納》中，曾提到區分所有類型藝術家的重要方法。

「對生命的厭惡能夠成為創造力嗎？還是充實的生命會更具創造力？」

這句話的意思，就是在說所有藝術都是以「承受兩種痛苦之人」為前提。一種是在充實的生命中承受痛苦之人。這裡的充實，指的是洋溢滿盈之意。但當生命一切都滿足、滿盈且充沛，又怎麼會感到痛苦呢？這樣的生命之所以會感到痛苦，是因為權力意志的性質使人渴望支配更多、渴望獲得更多、渴望變得更加強大。也就是說，權力意志不會滿足於當下滿足、充沛滿盈的狀態，是一種持續追求、克服其他事物的意志，這自然會

伴隨著痛苦。因此，受生命充實所苦之人，便會渴望對生命的悲劇性洞察及具備戴歐尼修斯精神的藝術。

另一種則是因為生命的貧困而感到痛苦之人。這樣的人渴望憎恨生命、否定生命、誹謗生命的厭世主義藝術。尼采認為歌德是前者的代表性人物，叔本華、華格納與福樓拜則是後者的代表人物。他認為這些人與自己的立場對立，並認為他們的藝術是頹廢藝術。叔本華賦予藝術「自生命的意志解放」、「對生命死心」的意義，尼采認為這樣的頹廢主義，是一種厭世主義者的觀點，並批評這是「邪惡的想法」。厭世主義藝術源自於對生命的厭惡，是在試圖遮掩生命中那些令人想要逃避的、醜陋的、痛苦的一面。尼采認為生命無論美醜，都要以正向的觀點看待，因此藝術必須盡力呈現生命中醜陋、殘酷、令人充滿疑惑的一面。

藝術自阿波羅精神與戴歐尼修斯精神的關係中萌芽

如尼采所批評，蘇格拉底式的樂天主義藝術，是用美麗的假象這種不切實際的面紗，遮掩生命中醜陋的一面。那僅僅只重視阿波羅精神，卻忽視戴歐尼修斯精神的藝術，終究只是忽視人類潛意識衝動的藝術而已。戴歐尼修斯精神是人類生命與文化的創建根基，也是力量的來源。

尼采認為阿波羅精神必須以戴歐尼修斯精神為根基，達成嚴謹的相互平衡，發揮各自的力量才行。音樂與悲劇神話也應該藉著戴歐尼修斯的能力來呈現，這樣的精神是不能從藝術中分離的。也就是說，跟阿波羅精神相比，戴歐尼修斯精神是藝術中永恆不變的根本力量。

人天生便會想要逃避充滿痛苦與恐懼的人生。但正是透過希臘悲劇這樣的悲劇作品，人才能夠達到無所畏懼的狀態。尼采在《人性的，太人性的》第一卷中，曾說使靈魂改變最強大的作用，大多都在醜陋藝術的領域中完成。除了有形的藝術之外，若還要求音樂與詩這樣的無形藝術，也都要以整齊且合乎道德規範的形式呈現，那就是將藝術的界線定得太過偏頗。

那麼，邁入四十歲的我們為何要親近藝術呢？若我們如尼采所說，從生命的觀點看待藝術，藝術便會發揮強化生命的力量。藝術能安慰疲憊的日常，使我們乾枯的感性再度變得豐饒。雖然我們無法將世上美麗的事物盡收眼底，但藝術作品能讓美麗緩緩滲入我們之中。縱使我們的心難以承受悲傷和痛苦，藝術作品也能使我們感動、讓我們落淚。

尼采在《尼采反對華格納》中說：

「所有藝術與所有哲學，都能在生命成長或下降時，成為輔助或治癒的手段。」

現代人活在過度的豐饒之中。尼采問我們：「過度的豐饒是否令你感到痛苦？」尼采說，悲劇是對生命的肯定，是源自於此的最高藝術。悲劇藝術能使我們擺脫一切醜陋的、衰退的、無力的、倦怠的事物，並使我們充滿生命的希望、幸福、健康與充實。如尼采所說，我們要關注那些在悲劇藝術中登場，已經習慣痛苦之人、尋求痛苦之人以及如英雄般的人，並且藉著他們讚揚自己。這或許就是尼采口中藝術真正的力量。

所有藝術都有目的與目標。

那是生命的喜悅、治癒的手段、對存在的肯定。

第四章

要如何愛自己的生命

尼采最後的提問

01

給痛苦的處方就是痛苦

• 痛苦 •

施加巨大的痛苦、聽見痛苦的哀號，內心仍然不感到困惑與不安——這便是真正的偉大，是屬於偉大的一部分。

節錄自《快樂的學問》

生命使你痛苦時，你會做什麼？人感到憂鬱不安時，常會找一些事情投入，或跟朋友見面喝杯酒大吐苦水，不然就是去教會參加宗教活動、到命相館算命。有些人會選擇購物，或到遠方旅行以逃避現實。即便我們如此為了生存而掙扎，生命仍然使人難過、使人痛苦。這樣的痛苦偶爾會讓人想放下這一切。

如何自生命的痛苦解放

「生命是痛苦的」這個觀念，在哲學上稱為厭世主義。先讓我們來看看西洋哲學史最具代表性的厭世主義者，哲學家叔本華的觀點吧。他認為支配人類和世界所有存在的不是理性，而是意志。人會產生想去做一件事的意志，是因為有想要達成的目的。但叔本華所說的意志，既沒有目的也沒有目標，是一種盲目的存在。這種盲目的意志其實就是欲望。欲望像一個破了的水缸，無論怎麼往裡頭倒水都無法填滿，因為人一旦滿足了一個欲望，就會產生新的欲望。就像有錢人即使已經坐擁龐大的財產仍無法滿足，仍渴望賺取更多的財富。所以叔本華才會認為，人對財富與名聲的欲望有如海水，會讓人越喝越渴。

當人類的欲望無法獲得滿足，便會感到痛苦。也就是說人生之所以感到痛苦，是因為欲望沒能獲得滿足。人類的欲望無窮無盡，且在滿足大多數欲望時，也會伴隨著一些限制。即使欲望持續獲得滿足，幸福也無法持久，反而容易使人感到倦怠。所以叔本華才會說：「生命像鐘擺，在痛苦與倦怠之間擺盪。」

要從痛苦中獲得解放，叔本華提出兩個方法。第一個是「藝術」。但他認為像音樂這樣的藝術只是短暫的止痛藥，人類還需要能從生命的痛苦中徹底獲得救贖的方法。叔本華提出的第二個方法是「否定」意志，否定意志的最佳途徑就是禁欲和苦行。

那尼采如何看待生命的痛苦，又提出了怎樣的解決之道？他在《道德譜系學》的第三篇論文〈禁欲主義式的理想代表何種意義？〉中，講述了禁欲主義。所謂的禁欲主義，是將人類天生的欲望視為罪惡，是以壓抑欲望的生活為理想的人生態度。禁欲主義繼承了重視理性更勝欲望的柏拉圖二元論，採取西方的形而上學與基督教的立場。除此之外，尼采也介紹了禁欲主義者為減緩痛苦而選擇的方法。尼采在《快樂的科學》中，也以格言形式分享克服痛苦的方法。禁欲主義者與尼采都提出了克服痛苦的方法，讓我們試著來比較雙方的解決方案吧。

消除對生命的意志與欲望 vs. 正視痛苦

奉行禁欲主義的神職人員認為，「讓生命力下降至最低點」就是減緩痛苦的方法。例如盡可能不要產生熱情、盡可能不要有所盼望。避免一切可能使人激動、使人熱血沸騰的事。不要去愛，也不要去恨，只需要維持平常心。不要復仇、不要成為有錢人、不要工作，在精神層面上「必須成為傻瓜」，遵從類似帕斯卡定律的道理。叔本華認為人要否定意志與欲望的方法就屬於這一類。

尼采受到叔本華的影響，也認為意志是人類與世界的本質。雖然尼采與叔本華都認為痛苦的生命源自於意志，但兩人的觀點不太一樣。尼采積極肯定透過「權力意志」帶給人的痛苦，叔本華則認為人必須擺脫盲目意志帶來的痛苦。對尼采來說，痛苦不是逃避的對象，而是必須正視的對象。

尼采的權力意志渴望支配、渴望更多、渴望變得更強大，所以不斷追求生命的提升。權力意志不會滿足於現狀，是一種想持續克服難關的意志，因此自然時時刻刻伴隨著痛苦。尼采認為痛苦跟快樂一樣，其中蘊含許多智慧，並認為痛苦是種族存續的重要條件。也就是說若現在我們過得很痛苦，那就是我們過得很好的證明。

投入機械式的行為 vs. 追求單純的人生

禁欲主義要求人必須重複機械式的行為，讓痛苦沒有趁虛而入的機會。現代人到了四十多歲時，大多都「對工作成癮」。我們承受來自周遭無聲的壓迫，那樣的壓迫要求我們必須「做得更多」，使我們成為工作狂，使我們每天都忙得不可開交。這種機械式的行為就像一種催眠手法。當我們這樣沉浸在工作中，便能短暫忘記生命帶來的痛苦。但若只是不假思索地過著被工作塞滿的日子、一味照著固定的模式生活、聽從他人的指示，這樣的勞動真的是一種祝福嗎？

尼采也追求單純且固定的人生。他認為健康人生所需要的一切，都是短暫的習慣。他排斥官職、與相同的人長時間相處在一起、居住在同一個地方、習慣不好也不壞的健康狀態。與飲食、思想、人類、城市、詩、音樂、理論、工作、生活方式等建立關係的方式，就是尼采熱愛短暫習慣的原因。類似疾病等使人感到痛苦、悲慘且不完整的事物，充斥著他的生命，這使他無法長時間持續去做一件事。

藉著敦親睦鄰獲得小小的喜悅 vs. 將痛苦轉變成熱情

奉行禁欲主義的神職人員，提倡「敦親睦鄰」以幫助人們緩解痛苦。當我們對他人行善、幫助他人、鼓勵他人、安慰他人、稱讚他人等，成為彼此不可或缺的存在，便會獲得小小的優越感，而那會進一步帶來自負與幸福。另一個方法則是建立共同體。當人在一個群體裡與他人一起成長時，就會遺忘自己的痛苦。

但尼采認為，弱者才會下意識地聚在一起，並從中獲得快感與滿足。奉行禁欲主義的神職人員正是看穿了人類這樣的本能，才會鼓勵敦親睦鄰、建立群體。人感到痛苦難受時便會感到孤單，因此多數人在因痛苦而感到不幸時，會去跟朋友見面或參加聚會跟別人相處。這種方式雖能使人在當下忘記痛苦與不快，但離開群體後湧現的失落感與疏離感也會更加巨大。所以其實跟他人相處在一起，無法治癒根本的痛苦與孤單。

最重要的是，我們的痛苦與煩惱並非來自外部，而是由內而生。最使我們感到痛苦的存在便是我們自己。一個真正追求痛苦的人，必須懂得如何將內在創造出的痛苦，轉變成對煩惱的熱情。因此尼采才會說，在追求痛苦時，因痛苦而生的創造力會更加成熟。

尼采獨自一個人踏上流浪之途，是為了健康而尋找適合自己、能幫助寫作的地點。有時他也會像我們一樣，痛恨極度的寂寞與孤獨，也努力與這些感受對抗。但肉體與精神的痛苦，反而使他成為更孤獨的旅人。為了克服生命的痛苦，尼采選擇了徹底的孤獨。他在這趟孤獨的思索之旅中找到了新的同伴，那就是他自己的影子。《人性的，太人性的》第二卷第二章〈漫遊者和他的影子〉，便是他與影子對話的紀錄。後來尼采也在徹底的孤獨中，持續與內在的影子對話，並完成許多優秀的作品。越是孤單、越是痛苦，越需要與緊跟在自己身旁的內在陰影對話。

轉換痛苦的原因 vs. 治療痛苦的處方就是痛苦

在禁欲主義中，痛苦的原因是自己所犯的罪，也是對那些罪的懲罰。禁欲主義以罪惡感來解釋生命使人痛苦的原因。

尼采在《道德譜系學》中提到，對人降下的詛咒並不是痛苦，而是「無意義的痛苦」。由於「為了什麼而痛苦？」這個問題得不到解答，因而使人感到痛苦。因為人不知道自己是為了什麼而遭遇痛苦，因而感到空

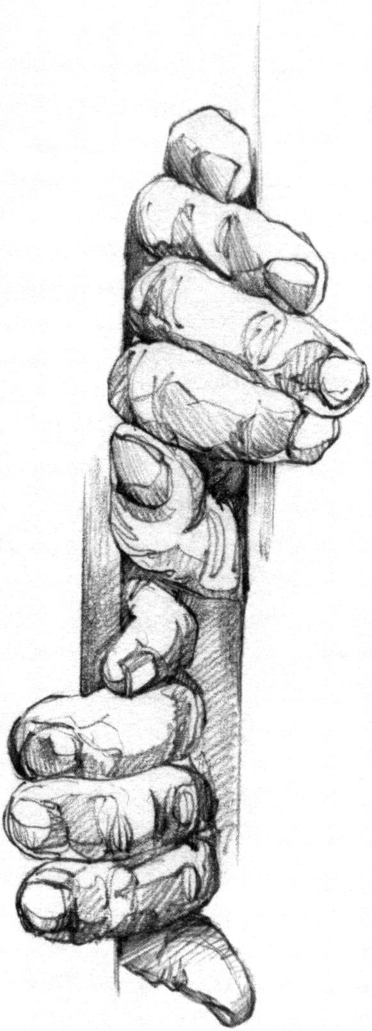

不幸且痛苦的生命能鍛鍊我們。

虛。若能立刻了解痛苦的原因、明白痛苦的意義，人反而會渴望更巨大的痛苦。

但禁欲主義卻以「罪」的觀點解釋所有痛苦，並為人類的痛苦賦予意義。例如從基督教的立場來看，人在這世上之所以要經歷痛苦，正是因為亞當所犯的原罪。他們認為人類會感到痛苦是因為有罪，為了獲得永恆的救贖，必須克服一切的痛苦。尼采認為，禁欲主義這種助長罪惡感的療法，或許能夠在某種程度上減緩痛苦，卻會使人類適應痛苦、變得軟弱且失去勇氣。禁欲主義憎恨充滿人性的、偏向物質的一切。渴望逃離所有變化、誕生、死亡、願望、欲望，厭惡人類與生命中的一切，因為禁欲主義是一種「對無的意志」。

除了肉體上的痛苦之外，人也會經歷許多精神上的痛苦。難道只有拚命忍受一途，才能忽視、減緩這些痛苦嗎？尼采說，希望我們能夠親身經歷真正的不幸。他在《快樂的科學》中建議：

「痛苦的處方就是痛苦。」

生命是一片苦海，充斥著無盡的痛苦。在這充斥痛苦的大海上航行，尼采給出兩個建議：一是學會如何用少少的能量生活。也就是在巨大的危險或風暴來臨時，盡可能地「將自己的身體縮小」。在痛苦的警示訊號響起時，就是必須縮減能量的時刻。另一個方法則是在巨大的痛苦來臨時正面迎戰。在風暴來臨時不要退縮，而是以更加堅定的姿態，如英雄一般與其對抗。我們應該將尼采這番話當作安慰，正面迎戰並克服痛苦。

「巨大的痛苦反倒是靈魂最終的解放者，這樣的痛苦能使我們的思想更加深刻。」

如同為了填補飢餓這種欲望，我們會不斷渴望美食一樣，為了尋求內在的和平、喜悅與和諧，我們也需要迫切。不要隱藏，也不要輕視這樣的欲望。人的靈魂除了飢餓、睡眠不足等生理上的缺乏之外，也經常有缺乏愛、缺乏溫暖、缺乏創造性等精神上的短缺。生命必須不斷渴求某些事物，那是種痛苦的延續，因此正向的欲望對我們來說，是真正不可或缺的重要事物。

唯有在痛苦中也能不感到困惑與不安者，

才能到達偉大境界。

02

展現承受孤獨的力量

• 孤獨 •

我們不是那種只在書籍之間、只在閱讀書籍時，才能追求思想進步的人。在野外，特別是在能夠打開思維的孤獨山林與海邊，我們習慣於思考、散步、奔跑、攀登山岳、跳舞。關於書籍、人類、音樂的價值，我們首要關注的是：

「他能行走嗎？更進一步，他能跳舞嗎？」

節錄自《快樂的學問》

一八七九年五月二日，尼采辭去巴塞爾大學的教授職位，並在六月十四日領到退休金後正式離職。從此，尼采成為自由的靈魂，踏上流浪之途。他開始流浪的原因之一，便是健康情形每況愈下。過去十年，尼采一直疏於管理自己的健康。他從不休息，總是勉強自己工作，因此反覆受偏頭痛所苦。他的眼睛一直感到疼痛，幾乎令他失去視力。他的疾病使他無法正常生活，他只能獨處，會上門拜訪他的只有孤獨。他一直在找結婚的對象，卻始終孤家寡人，這樣的命運使他沮喪。對尼采來說，能稱得上是財產的東西，只有裝著幾份手稿、幾本書的一只大行李箱。他從不停留在任何一個地方。他四處旅行，不斷尋找對自身健康與寫作有益的地點。他曾經短暫下榻過瑞士、熱那亞、尼斯、威尼斯、杜林的旅店。

一八七九年，尼采迎來生命的轉捩點。光是那一年，他就有一百一十八天因病而承受極度的痛苦。他很接近死亡，他身邊的一切都破碎不堪，他決心為了尋找自我而踏上旅程。

旅行是尋找自我的過程

尼采在《人性的，太人性的》第二卷中，曾將走在人生旅途上的人比喻為旅人，並將旅人區分為不同的等級。最低等的旅人，不過是旅行時被他人觀察的對象。尼采認為這樣的人是被動的、是盲目的。而最高等級的旅人，則是將旅行中學到的一切內化、應用於生命的創造者。

旅行中最重要的事情，便是透過旅行尋找自我。離開原本所在的地方前往某處，便是拋下過去熟悉的自己和一切事物，至於旅行的理由和目的並不重要。在尼采的人生中，他是一名沒有家人、朋友與夥伴陪同的旅人，無論從哪個角度來看，他都是孤身一人。他認為孤獨不是必須逃避的對象，而是必須追求的對象。但尼采為何需要孤獨的旅行？

在路途上領悟的人生

尼采藉著獨自在山林、海邊散步不斷與自己對話。他確實喜歡靜靜坐在書桌前思索的時間，但他更會在山林與海邊散步、奔跑、跳舞並思索。尼采說：「我們不是那種只在書籍之間、只在閱讀書籍時，才能追求思想進步的人。」

法國哲學家加布里埃爾·馬賽爾將人類定義為「Homo Viator」，也就是旅途之人。人類是一種為尋找生命意義而踏上旅途的存在。為了自己剩餘十年的短暫光陰，尼采決心展開旅途之人的生活。他必須不斷經歷新的離別與新的痛苦，即使必須迷失方向、必須感到疲憊、會傷痕累累，他都要不斷走下去。

尼采領悟到，要想擺脫那些壓抑自我的既有習慣與價值拘束，唯一的方法就只有孤獨。他的流浪之路是催生他思想的足跡。夏天，他會在阿爾卑斯山高山地區，一座屬於瑞士的小村子希爾斯停留。等到寒冷的冬天，他會搭乘火車前往法國或義大利溫暖的度假勝地。尤其瑞士的席爾瓦普拉納湖，那裡有一塊字塔狀的岩石，是尼采永恆輪迴思想的誕生之處。

為踏上創作者之路的孤獨旅途

查拉圖斯特拉說，如果想踏上成為創作者之路，必須先證明自己能夠離群索居，有足夠的權力和力量，能承受孤獨所帶來的痛苦。人有逃避自我、尋求鄰居協助的傾向。且會將生命的標準寄託於他人，追求他人所渴望的人生。因為比起獨處，在跟許多人一起形成群體生活時，人才會更感到舒適自在。但查拉圖斯特拉說，為了找到真正的自我，我們必須在孤獨中停留。為了見到內在的自我，我們必須擺脫「群體本能」，踏上孤獨之路。

尼采在《查拉圖斯特拉如是說》中問道：

「兄弟啊，你是否試圖走進孤獨之中？你是否在尋找通向自己的道路？」

查拉圖斯特拉說，這樣孤獨的創造者，可能會受到許多人的折磨。創造者之路充滿痛苦與苦難，等時候到了，創造者便會因為覺得孤獨而疲憊。隨著時間流逝，身為創造者的樂觀與勇氣都會消失，他們會近距離看見自己有多麼悲慘。他們也可能受到某些情感的考驗，那些情感總是渴望消滅孤獨之人。他們可能必須承受周遭不友善的目光，那些都來自滿心嫉妒與猜忌的人們。

查拉圖斯特拉認為，在創造者所能面對的敵人之中，最糟糕的並不是來自外界，而是創造者自己。創造者必須克服的其實是自己。走上創造者之路的人，必須信賴自己、愛護自己。而愛護自己的人，也必須懂得如何輕視自己。為了達到創新，他們必須選擇破壞自己的破滅之路。因此查拉圖斯特拉才會說：「你必須做好覺悟，用你的火焰將自己燃燒殆盡。若你不先成為灰燼，又怎能期待自己煥然一新？」

孤獨的十五分鐘所帶來的強勁清涼感

尼采認為，要引用來自內心泉源、力量最為強大的清涼劑，我們需要十五分鐘的孤獨。孤獨代表我們能擁有一段時間，完全專注在自己身上。之所以必須花時間專注在自己身上，是為了隱密地與自身的情緒接觸。但不幸的是，我們聽不見自己內在的聲音。所以尼采在《人性的，太人性的》第二卷中，才會說要給自己十五分鐘，在自己與自然中做最深刻的反省。

「人們必須付出許多厭惡、憂鬱、倦怠為代價——

因為這一切都有與朋友、書籍、義務、熱情無關的孤獨相伴——用以獲取在自己與自然中做深刻反省的十五分鐘。那些堅決防備倦怠的人，也是在對自己築起堡壘。那樣的人，永遠無法飲用自內心深處湧現、最為強大的清涼劑。」

讓我們每天短暫擺脫繁雜的日常，在屬於自己的空間裡，花點時間跟自己相處吧。我們的內在總有一個沉默的自己，有時當沉默的自我跟我們搭話，我們便能真正跟自己在一起。尼采說要遠離鄰居，要愛上最遙遠的人，那即是超人，這是成為超人最不可或缺的前置條件。

若無法享受孤獨，便絕對無法聽見內心的聲音。試著在空無一物的地方，傾聽自己內在的寧靜吧。試著每天規律執行確認自身存在意義的儀式。若獨處時你也不感到孤單，那便是你已達到孤獨的最高境界。為了讓疲憊的身心在痛苦的生命中獲得治癒、為了回歸自我，我們需要自由的空氣。如同樹木要成為蒼鬱的森林需要清淨的空氣，若要成為尼采口中創造新價值、克服自我的超人，便也不能缺少孤獨。

獨自一人代表與眾不同，

與眾不同代表獨自一人。

03

不明白何謂善、何謂惡

• 無名怨憤 •

高貴的人首先會自發地從自己的內心思考出「好」的概念，並從此衍生出「壞」的概念！讓我們比較一下有著高貴起源的「壞」，與自無盡憎恨的熔爐中誕生的「惡」(bőse)。前者是後來才衍生的，是一種平行的對比，互補的概念；後者則與此相反，源自於原始的行為，是起源自奴隸道德的概念。從表面上看，與「好」這一詞相對應的「壞」與「惡」，兩者究竟有多麼不同？

節錄自《道德譜系學》

若在市中心看到一名開著頂級藍寶堅尼超跑的年輕人，開著車窗大放音樂的模樣，你作何感想？

「我不需要這麼昂貴的跑車，現在的車就夠了。」

「那個人這麼年輕，怎麼有辦法開這麼貴的車？」

過去有放棄戀愛、結婚、生子的「三拋世代」，後來則有進一步放棄買房與人際關係的「五拋世代」，接著又有放棄夢想與希望的「七拋世代」，最後則是連外表和健康都一併放棄的「九拋世代」。一直到最後，社會上開始出現「N拋世代」這樣一個名詞，用以指稱那些徹底放棄滿足許多生活條件的族群。

現今社會中產階層已逐漸消失，收入兩極化的情況越來越劇烈。貧富差距成了二十至三十九歲族群必須背負的青年問題。如今被視為中年人的族群總是不斷變化。二〇一一年當時，三字頭的青年人被稱為「三拋世代」，如今這群人已邁入四字頭，其中許多人很希望自己年輕時便能開進口車、住豪宅、盡情環遊世界。但若不是含著「金湯匙」出生，那這些事情對一般的上班族來說，幾乎只能是痴人說夢。這說起來很悲傷，但隨著物價飛漲、勞動市場不穩定，我們這個被逼到懸崖邊的中年世代，或許只能為自己的人生下一個總結——「這輩子成功無望了」。

支配者與被支配者的想法

尼采在《道德譜系學》第一篇論文的第十節說，道德中的奴隸造反，是自「無名怨憤」（ressentiment）而起。尼采口中的「無名怨憤」，指的是弱者對強者一再的怨恨、憎惡、復仇之心所累積出來的情緒。力量相對較弱的奴隸，由於無法藉由力量贏過強者，故藉著無名怨憤這樣的情緒克服自卑感。尼采自無名怨憤中，發展出「主人道德」與「奴隸道德」兩種概念。

尼采在一八八六年出版了《善惡的彼岸》，副標題是「一個未來哲學的序曲」。我們從書名便能看出，尼采超越了傳統觀點的「善惡二元論」，提出了在彼岸的新未來哲學。他將過去一直支配世界，如今仍繼續支配世界的道德類型，分為「主人道德」與「奴隸道德」。

第一種類型主人道德，意指支配者的道德。主人道德發生在支配的族群，這些人感受到自己與被支配的族群不同，並從中獲得喜悅。在主人道德中，什麼東西「好」是由支配者自行決定，這些支配者正是高貴的人。高貴的人能從自己身上感受到自我肯定與自豪。尼采認為，人天生會輕視與自己相反的人。如膽小鬼、不安的人、心胸狹窄的人、只顧一己私利的人、貶低自我的人、忍受虐待的人、卑劣的馬屁精、騙子等，都是高貴的人所輕視的對象。

第二種類型奴隸道德則是受支配者，也就是發生在奴隸之中。例如受虐待者、受壓抑者、受苦者、沒自信者、因疲勞而感到倦怠者，他們的道德便是奴隸道德。這樣的奴隸不會以友善的目光看待主人道德，甚至會憎恨主人道德，這樣一種情緒便是無名怨憤。滿腔憤怒的奴隸，對喚醒自身恐懼的支配者懷抱著反感。

奴隸否定強者，並將其視為「邪惡的人」，同時也發展出與此相對的「善良的人」概念，並認為善良的人就是他們自己。從這個觀點來看，「善惡二元論」是自奴隸道德所發展出來的理論。奴隸道德認為弱者是絕對的「善」，比自己更強的支配者則全都是「惡」。

尼采說，否定奴隸道德中外來的、不同的、自己以外的事物，才是奴隸道德的創造行為。打從一開始，奴隸道德判斷價值的標準便是來自外界，奴隸道德建立價值的準則不在自己，而在外界。而主人道德則是先從自己身上，找到諸如「我們是高貴的人」、「我們是好人」、「我們是美麗的人」、「我們是幸福的人」等「好」的根本概念。然後才將與自己對立的事物定義為「低級」、「鄙俗」、「卑賤」等「壞」的概念。所以主人道德的價值標準在於自身，這與奴隸道德大不相同。

強者邪惡，弱者善良的觀點

尼采認為「羅馬人與猶太人」，便是人類史上主人道德與奴隸道德的經典對立範例。猶太人是接受羅馬支配的奴隸民族。羅馬人是高貴、強韌的貴族，猶太人是賤民，也是擔任神職人員的民族。無法用力量贏過羅馬人的猶太人，便憎恨著自己的征服者。

尼采認為，猶太人將基督教的愛與原諒定義為道德的「善」，並傳遞給沒有力量的弱者、貧窮的人、受苦的人、缺乏的人，開始了這場奴隸造反。聖書上說「只有心靈貧窮者才能上天堂」，他們建立起貧窮的猶太人得以上天堂，富裕的羅馬人終將墮入地獄的論述。若從歷史的角度來看，在基督教成了羅馬的國教之後，猶太人的奴隸道德便宣告勝利。

但尼采為何要批判心懷奴隸道德的人？那與我們必須成為自我生命主宰的原因有關。在主人道德裡，「好」與「壞」的對立，會衍生出「高貴」與「卑賤」的對立。握有權力、具威脅性的、使人感到恐懼的、擁有無法忽視的強大力量的人是「好」的。而在奴隸道德裡，這樣的人反倒成了「邪惡」。因為在奴隸的思考裡，若想成為善良的人，就必須成為「不危險的人」。所以尼采認為，奴隸道德的本質是「有用性的道德」。在奴隸道德裡，同情這種情感是使他們面對生存威脅時得以堅持的有用手段，因此被歸類為「善」。但力量、危險、剛強等，則會喚醒他們心中的恐懼，因此被歸類為「惡」。

結論是，主人道德裡的「好」，在奴隸道德裡便是「惡」；主人道德裡的「壞」，在奴隸道德裡便是「善」，這使得主人道德與奴隸道德在根本上發生對立。所以尼采在《道德譜系學》中才會問：「從表面上看，與

『好』這一詞相對應的『壞』與『惡』，兩者究竟有多麼不同？」

	強者	弱者
主人道德	好	壞
奴隸道德	惡	善

主人道德與奴隸道德的對立

讓我們回頭去看看前面說的例子。一個年輕人開著藍寶堅尼頂級超跑在市中心奔馳，他開著車窗大聲放著音樂。如果一個人心懷尼采所說的無名怨憤，他會怎麼看待這件事呢？

「年紀輕輕就開這種昂貴進口車的傢伙，肯定是靠做壞事在賺錢。」

「仗著自己有錢就大小聲的傢伙都是壞蛋。」

「我不怎麼喜歡進口車。開那種車到處跑的傢伙都好討厭！」

在好父母與好人脈的幫助下輕鬆進入知名大學的人、白手起家的企業家住在坐擁游泳池的豪宅裡、身價達到數百億韓元的運動選手、開著頂級進口車四處跑的富二代……面對這些人的時候，我們絕對不可能只抱持友好的態度。在資本主義社會，看見生活優渥的有錢人，會讓我們不自覺產生相對剝奪感與自卑感。為何我們看到他人的幸福時，會不自覺產生自卑感、感到憤怒？

原因在於「強者是邪惡的，弱者是善良的」、「有錢人是邪惡的，窮人是善良的」這樣的奴隸道德觀念，時至今日仍普遍存在於我們心中。尼采說，「好與壞」、「善與惡」對立的兩種道德價值，在歷史中的鬥爭已經長達數千年。陷入奴隸道德的人，會無法克服自己的自卑感，只會否定或批評比自己更優秀的人。既然如此，我們該如何克服造成無名怨憤的自卑感？

從想法的奴隸到想法的主人

尼采在《查拉圖斯特拉如是說》裡說：

「若不是創造者，便沒有人知道什麼是善，什麼又是惡！」

你是否能猜到，主人道德所創造出的高貴之人渴望什麼樣的人生？由於高貴的人認為自己是創造價值的人，因此不會在意他人。也因為不需要獲得他人認同，所以他們會站在自己的立場評價且尊重一切。高貴的人渴望擁有無限的潛力與可能性，他們是肯定自身命運的存在。

尼采說，主人道德中的高貴的人是「天生的好人」。高貴的人所擁有的權力意志是正面積極的。而奴隸道德所創造出的卑賤的人，則是無力之人、受壓抑之人。

對奴隸道德所創造出來的人來說，所謂的幸福是一種麻醉狀態、麻痺狀態，是休息、是平和、是安息日、是舒緩緊繃的精神，也宛如一種安慰。他們對幸福的態度是被動的。奴隸道德的權力意志是負面消極的。從權力意志的層面來看，尼采對主人道德的評價，自然會比奴隸道德要好上許多。哲學家吉爾・德勒茲在《尼采與哲學》中，曾經針對權力意志的積極性質與反應性質說過這樣一段話：

「尼采稱之為優雅、高貴、主人的事物，有時是積極的力量，有時是正面的意志。他稱之為低俗、卑賤、奴隸的事物，有時是反應性的力量，有時是負面的意志。」

對超人這樣天生具備強大自信的人來說，能輕易入手的東西便會受到輕視。超人的價值標準不是來自外界，而是來自於自身。在主人道德裡，渴望克服生命的強者、高貴的人與貴族和我們必須追求的超人連結。而奴隸道德裡的弱者、卑賤的人與賤民，則和尼采所說的超人恰恰相反，是與末人相互連結。

你一直以來都是思想的主人，還是思想的奴隸？你現在的模樣，是否就是你所認定的幸福？還是你內心充滿怨憤與憎恨，感受到令你椎心刺骨的痛苦？那些必定能夠獲取的事物，是否令你感到滿足？還是在看到那些即便幾經冒險，仍難以獲得的事物時，你才會感到滿足？ 你是否為了合理化自己的懦弱，而將失敗的原因歸咎於他人？還是像個高貴的人一樣，為了抓住幸運女神的瀏海而靜候適當的時機？

如果你此刻正在怨恨、埋怨某人，那就表示你已經成了內心充斥自卑感的弱者。世上每一個人都會有自卑感，問題在於你是將自卑感視為人生的絆腳石，還是將其視為成功的墊腳石。我們需要擺出正面的姿態與無力感對抗，而不是無力地接受它的存在。將自卑感當成墊腳石，讓自己能夠向上飛躍，就是最能解決無名怨憤的生活方式。當我們能夠追求自我內在價值更勝外界價值時，我們便能成想法的奴隸，成為想法的主人。

活得優雅且高貴，

即是活得充滿幹勁、積極且正向。

高貴的人懂得尊重自己且主動。
卑賤的人會拿自己與他人比較且被動。
你要當生命的主人，還是當生命的奴隸？

04

打理屬於自己的小小幸福庭園

• 尼采的幸福論 •

人在世界的悲傷旁邊，甚至經常是在自己的火山地帶上，建立名叫幸福的小庭園。（中略）他在每一個地方發現，幸福總在災難旁邊萌芽。——而他同時也發現，當那塊土地越靠近火山，那裡就有越多幸福。

節錄自《人性的，太人性的》第一卷

在希臘羅馬神話中，「潘朵拉」這名女子開啟了封印了所有災難的盒子，因此她所開啟的盒子便被稱為「潘朵拉的盒子」。潘朵拉是在宙斯的命令之下，由鐵匠之神赫菲斯托斯以泥土捏造的第一名人類女性，宙斯又命令信使荷米斯，將潘朵拉送給普羅米修斯的弟弟艾比米修斯當禮物。即便哥哥普羅米修斯事前警告，要艾比米修斯千萬別收下任何宙斯送的禮物，他依然決定迎娶潘朵拉為妻。艾比米修斯家中有一個絕對不能開啟的「盒子」，潘朵拉很好奇那個盒子裡究竟裝了什麼。最後她輸給了好奇心，打開了那個「幸福的盒子」。就在那一瞬間，關在盒子裡的所有災難全跑了出來，裡頭只留下最後一種災難，那就是「希望」。留在潘朵拉盒子裡的希望，究竟是使我們的人生幸福，還是使我們不幸？

我們每一天都在追求幸福，好像沒有幸福便活不下去。當我們茫然地認為幸福總有一天會來到身邊，並在某一天突然必須面臨痛苦時，便會很快陷入不幸之中。如果能讓痛苦不要停留、如果能阻止所有不幸的事發生、如果能使世上的痛苦與煩惱全部消失，那不知該有多好？我們過度執著於幸福，而這樣的想法使我們內心更加難受。

尼采認為，留在潘朵拉盒子裡的「希望」，就是人們感到不幸的原因。他在《人性的，太人性的》第一卷中，曾以「希望是最糟糕的一種災難」，來形容留在潘朵拉盒子裡的希望。尼采會這麼說，是因為他口中的希望有兩種意義。希望同時能使人期待，也能使人痛苦。其實無論人遭遇任何不幸，只要不放棄希望，就能再度延續幸福人生。但若心中懷抱的希望不可能實現，便只會使我們受害。

那我們該怎麼做才能幸福？該怎麼做才能從痛苦與不幸中解放？

幸福的兩種人

尼采在《快樂的科學》中曾說，世上有兩種幸福的人。第一種是年輕時便懂得隨心所欲的人。這樣的人總會有大膽的嘗試，但絕不會失敗。第二種人則是雖渴望、計畫過許多事，但每件事情總以失敗告終。這樣的人雖然曾經為成功而努力，卻在過程中經歷多次的墜落與破滅。可是尼采認為，第二種事事都以失敗告終的人，其實是幸福的人。尼采問我們：

「你們因此認為他不幸嗎？」

當然，世上確實有些人像第一種人一樣，有著點石成金、做什麼都會成功的能力，但這樣的人只是極少數。大多數的人都可能因為失敗而變得一無所有、人生墜入谷底。尼采認為，第二種人之所以能夠不因自己的失敗而感到不幸，是因為他們早就已經下定決心，不會太過看重自己的欲望或計畫。人一輩子，都可能經歷意外挫折帶來的痛苦，而若這樣的不幸一再重複發生，便會使人對痛苦變得敏感。因此只要一點點的痛苦，就可能摧毀我們的人生。所以尼采認為，比起成功，我們更應該在失敗時心懷感激。因為一旦經歷可能失去性命的風險，人就能透過這樣的經歷獲得許多學習。

自幼喪父的尼采，青少年時期過得十分孤獨。他是個天才，二十五歲便在沒有博士學位的情況下，獲得瑞士巴塞爾大學的教授職位。但就跟其他的天才一樣，他的人生也很不平凡。他的一生中，有許多時間受疾病帶來的頭痛與嘔吐等身體症狀所苦，最終也因疾病而辭去巴塞爾大學的教職。後來他開始流浪的生活，從來沒有停留在一個地方太久。尼采經歷父親的死之後，便必須面對自己可能也會跟父親一樣病死的恐懼。此外，尼采也無法與他真心所愛的莎樂美在一起，失戀所帶來的傷痛始終糾纏著他。他曾因為大學退休金用完，而沒有錢在寒冷的冬天點暖爐，只能忍著寒冷寫作。

在疾病帶來的反覆痛苦之中，他如何能夠不放棄成為哲學家之路，留下許多闡述個人思想的著作與筆記？尼采真的認為他的人生是幸福的嗎？尼采如何看待幸福與不幸的關係？

尼采在《人性的，太人性的》第一卷中，將幸福比喻為植物的生長。他認為人在世界的悲傷旁邊，甚至經常是在自己的火山地帶上，建立名叫幸福的小庭園。這代表名為幸福的樹木，必須要與名為不幸的樹木一同生長。

尼采在《快樂的科學》中將幸福與不幸的關係，比喻成一同長大的雙胞胎。也就是說，尼采認為幸福與不幸並非彼此的反義詞，而是一起成長、一起停止成長的關係。因此若渴望幸福，就更該在不幸找上門時心懷感激。因為若無法接受不幸，那麼你內心所渴望的幸福也不會來到。

一輩子都能幸福的方法

四十多歲的人，經常會因為職場問題、買房問題、負債等經濟上的問題而面臨許多壓力。看看我們四周，就能發現許多人因為這些現實問題而失去熱情，過著不健康的人生。尼采同樣也不斷受到孤獨、被世界忽視、疾病等一再重複的痛苦所擾。但他並沒有因此變得脆弱，而是持續與世界對抗，昂首肯定必然來到的人生。雖然疾病使他的身體不便，但他並未屈服。尼采是如何能將不幸的人生轉換為幸福的人生？

不要期待命運，要歡迎偶然

為了活出幸福人生，我們都會對未來做規劃。例如認真讀書以進入好職場、省吃儉用以買下好房子、打扮自己以遇見好配偶。我們的所有行為，最終都是達成幸福這個目的的手段。所以古代希臘哲學家亞里斯多德才會認為，幸福是所有人類必須追求的究極目的，也是至善。

但我們如此努力，若目標未能如預期實現，便會使我們覺得自己不幸。尼采在《人性的，太人性的》第一卷中告訴我們，要從相反的角度解釋自己的經驗。例如將合乎目的性的事物看作不合乎目的性，將必然的事物看作偶然。換句話說，就是別太看重那些你以為是命運的事情、一定要達成的目標、曾經期待的體驗。偶然反倒能使我們感到快樂。從沒有意義且瑣碎的小事中獲得喜悅與歡笑，人就能找到微小的幸福感。

沒有什麼路絕對能通往幸福

尼采告訴想要幸福的人，別對通往幸福的路做任何指引。因為無論是誰，心中都有屬於自己的、能使自己幸福的法則。其他人所給的「道德」指引，反而會妨礙、阻止他人變得幸福。

想必各位一定都聽說過「最多數人的最大幸福」、「與其做一頭快樂的豬，不如當痛苦的蘇格拉底」這類的話。十九世紀中期著名思想家邊沁就主張效益主義，認為應該「謀求最多數人的最大幸福」，必須讓最多數的人獲得最極致的快樂，這才是幸福的社會。他認為人類隨時都在追求快樂（幸福），時刻都想逃避痛苦（不幸）。他認為幸福與快樂是同義詞，不幸與痛苦也是同義詞。因此他定義，某種行為若能使人類快樂，那便是良善；若使人類痛苦，那便是邪惡。以「是否快樂」當作行為的善惡判斷標準，便是所謂的效益主義。他認為，若想讓某種行為成為良善的，就必須盡可能讓最多數人感到幸福。

但邊沁的普遍效益主義僅重視肉體上的、分量上的快樂，因此被批判是「只為豬而存在的學說」。因為社會上大多數人，都會選擇品質相對低落的快樂，所以才會有「與其成為滿足的豬，不如成為不滿足的人類；與其成為滿足的傻瓜，不如成為不滿足的蘇格拉底」這樣一句話。

尼采在《善惡的彼岸》中批評了效益主義。他說：「以附屬且次要的快感和痛苦為標準，測量事物價值的思考方式，是一種膚淺且天真的思考方式。」為了活得幸福，我們都必須找到屬於自己的理由和意義。無論人生以什麼方式呈現，都要做好能接受它的準備。不能像效益主義這樣，認為能帶給最多人單純的安逸與快樂，才是真正的幸福。沒有一條路絕對能通往幸福。

如果要幸福，就要對生命充滿熱情

尼采在《人性的，太人性的》第一卷中說明不能有幸福時代的兩個理由。一是人們只是單純渴望幸福時代，卻不想擁有它；二是當平靜的日子來到，人們反而會期望不安與悲慘的降臨。若想要幸福，就必須對幸福的人生懷抱熱情，也就是時時刻刻都要以幸福之人的態度去行動。自身的幸福，取決於自己想要幸福的意志。尼采在《朝霞》裡說過：

「所有幸福都有兩個共通點——滿溢的情感與隨之而來的自負。」

生命中的一切都會不斷改變，沒有什麼是絕對的。我們的人生不會總是朝理想的方向發展，隨時都可能遭遇痛苦。即便當下這一刻是幸福的，也無法放開心胸享受。同樣地，不幸的時刻也不會一直延續，因此不需要因為不幸而感到悲傷，因為幸福與不幸必定會交替來到生命中。

人生看似永遠幸福，但幸福卻很容易在一瞬間便被摧毀。沒有永遠的幸福這一點，也能使我們更專注在當下幸福的這一刻。為了現在能立刻變幸福，讓我們充實自己的內在、讓自己感到自負吧。

雖沒有幸福的時代，

我們卻能隨時讓此刻變得幸福。

05

學會迎接死亡的方法

• 死亡 •

「讓自己能及時死去吧。」

查拉圖斯特拉如此教導。

「但從不及時而活的人，又怎麼能及時而死？

這樣的人還不如不要出生！」

我要如此忠告那些對存在毫無價值之人。

節錄自《查拉圖斯特拉如是說》

我們活在百歲時代。機器人工學、人工智慧、腦科學、虛擬實境等科學技術與醫藥技術急速發展，距離人類活到一百二十歲的年代不遠了。渴望利用科學技術改善人類身體、精神能力的超人類主義思想家紛紛讚頌，到了二〇五〇年左右，迫使人類死亡的殘疾、痛苦與老化等問題將能全數解決。對渴望不滅的人類來說，死亡將不再是害怕的對象，只是有待技術克服的問題。許多未來學者預告，罕有死亡的時代、「死亡死去的時代」即將來臨。但事實上，以科學技術延長壽命，沒有任何人會死去的世界尚未來到，延長壽命的技術要商用化到一般人身上還需要許多時間。因此當人類到了四十歲，就不得不面對老化與死亡所帶來的擔憂與不安。

孟克與尼采眼中的死亡

挪威知名畫家孟克曾經為尼采畫了一幅知名的肖像畫，名為《弗里德里希·尼采的肖像》。畫中有著黃色的天空、紅色的彎曲線條，色彩十分強烈。欄杆呈對角線將背景分割，尼采就站在欄杆處。看著這幅畫的感覺，讓人好似在看孟克的代表作《吶喊》。《吶喊》是孟克享譽全球的作品之一，他藉著這幅畫表達人類最根本的恐懼與不安，這也替他奠定了自己的地位。畫中，一個臉孔有如骷髏的人雙手摀著自己的耳朵，做出被什麼東西嚇到而痛苦的吶喊模樣。從這幅畫中，我們能感受到不安、恐懼、絕望等黑暗的情緒。孟克為何要畫這樣的作品？

孟克的作品與他的人生息息相關。孟克總是透過作品，表達他自幼便充滿不安與恐懼的內心。他五歲時，母親便因肺結核而離世，十四歲時姊姊蘇菲也因相同疾病去世。而差不多的時期，他的妹妹也罹患精神病。體弱多病的孟克認為，自己可能會年紀輕輕就像母親和姊姊一樣死去，這使他感到恐懼。心愛的母親和姊姊死亡的陰影，一輩子都跟著他。他在二十多歲時失去父親、三十多歲時失去弟弟，他因家人的死而飽受憂鬱症、恐慌症、精神分裂等問題所苦。孟克只能透過繪畫，表現深埋在他內心的不安、恐懼、寂寞、孤獨與憂鬱等負面情緒。

尼采同樣在小時候經歷父親的死，且終生為疾病所苦，最後因嚴重的精神疾病而死。孟克讀了尼采的《快樂的科學》等著作後深受感動，並表示他非常能理解尼采的世界。或許孟克正是藉著閱讀尼采的思想，讓自己的人生獲得慰藉。孟克從來不曾真正見過尼采，而是從尼采的妹妹伊莉莎白那裡，取得尼采的幾張照片和資料，並完成了這張尼采的肖像畫。如今尼采左手扶著欄杆，彷彿陷入沉思的肖像畫，反而比他的照片更被廣泛使用。

人在充滿活力的年輕歲月，很容易以為死亡是與自己無關的遙遠未來。但等到體力逐漸下滑、身體開始出問題的年紀，便不會再認為老化與死亡和自己無關了。死亡是所有人不可避免的命運，我們可以提前自己的死期，卻無法延後。死亡是我們無法親身體驗的事，因而無法得知死亡究竟是怎麼一回事。我們只能看著他人的死，間接感受死亡之後的世界。

說到「死亡」，你會想起什麼？應該會是「害怕」或「恐懼」。人天生便恐懼死亡，但人為何會如此恐懼死亡？或許是因為人無從得知死亡帶來的意義。所以尼采才會說，我們都必須大膽接受死亡。由於人對死亡的恐懼，死亡至今仍無法成為慶典。

尼采自幼便經歷家人的死，死亡的恐懼也終身如影隨形，這點與孟克十分類似。對尼采來說，死亡的意義和對死亡的恐懼，是他必須解決的首要課題。那我們究竟能從死亡中找出什麼意義？是否真如尼采所說，生命盡頭的死亡，可以是最美麗的慶典？

為了成為有存在價值的人

為了及時而死，必須追求超人的人生

尼采借查拉圖斯特拉的嘴說「要及時而死」。這裡的及時而死，是指在自己想要的時刻迎接死亡的「自由之死」。尼采為何會要我們在自己想要的時候選擇死亡？尼采接著反問：「從不及時而活的人，又怎麼能及時而死？」也就是說，唯有曾經及時而活的人，才能夠及時而死。反過來說，「及時而死」便能解釋成「及時而活」。

尼采認為，無法及時而活的人，還不如不要出生。他在《悲劇的誕生》中，介紹了邁達斯王與戴歐尼修斯幼年時的老師暨養父「西勒努斯」的對話。在希臘神話中，邁達斯王以照顧酒醉的西勒努斯為代價，從戴歐尼修斯那裡，獲得只要用手觸碰，就能將任何物體變成黃金的能力。邁達斯王問西勒努斯，對人類來說，最美好

的事物是什麼？西勒努斯回答：

「可憐的蜉蝣啊。偶然的孩子，痛苦的孩子啊，為何你明明不想聽這些，卻要強迫我說出什麼是你最大的祝福呢？最美好的事物，是你絕對無法成就的事物。那便是未曾出生、未曾存在，以無的形式存在。而對你來說，第二好的事物便是死亡。」

若人類的壽命真能延長，每個人都活超過一千年，還真能幸福那麼久嗎？其實我們現在只能活一百年，就已經有許多人沒能好好過自己的人生，受困於沒有求生欲望的倦怠中。

尼采在《人性的，太人性的》第二卷中曾說，他為了與幾名死者對話，去了一趟「陰間旅行」。他在那裡遇到四組人：伊比鳩魯與蒙太涅、歌德與史賓諾沙、柏拉圖與盧梭，以及帕斯卡和叔本華。尼采想聽聽他們跟對方議論何謂對錯，也想聽聽他們指教自己的思想。尼采說，這八人死後卻依然充滿生機，絲毫不像對生命感到厭倦的模樣。反倒是活著的人像臉色蒼白、極度不快、不安且貪婪地看著人生的影子。

如尼采所批評，許多人都沒能及時而活。及時的人生就是「超人」的人生。唯有渴望克服自我的超人，才能及時而活、及時而死。我們真能永遠過著這樣枯燥無味的生活嗎？還是要活在當下呢？我們面臨了抉擇。

為了及時而死，每一刻都必須「勿忘你終有一死」

尼采認為，我們需要學習迎接死亡的方法。從迎接死亡的態度中，我們能學會面對人生的態度。古代羅馬人曾說「勿忘你終有一死」（Memento mori），便是要人們「記得死亡」，是要人們彷彿立刻就會死去一樣活在當下。因為在認知到死時，我們才能更認知到生。所以尼采在《人性的，太人性的》第一卷中，便要我們在活著的時候思考死亡的意義。

「透過對死亡的明確展望，所有生命都會獲得一滴美味且香氣四溢的輕快。」

死亡不是生命的終點，而是使生命完整

尼采曾說「我將向生者闡述，死亡如何賦予生命刺激與承諾，使生命完整」。這裡的「死亡使生命完整」，就是前面所說的「及時而死」。生與死如銅錢的兩面，是不可分割的關係，少了其中一個，另一個便不存在。在生命盡頭迎接死亡，並不是使生命終結的陰暗

生命的一切都掌握在你手中。

斷面，而使生命完整。若想選擇使生命完整的自由之死，就必須活出超人的人生。

四十歲，是重新思考生與死的時間點。面對死亡，人人都是平等的，沒有任何順序之分。人死的時候什麼東西也帶不走，也沒有人能代我死亡。死亡是只能獨自迎接的可怕事件，但如今我們已經明白，死亡對我們來說究竟象徵什麼意義。死亡並非生命的破滅，而是生命的完成。若經常思考死亡，便會明白什麼才是生命中最重要的事物。一想到自己也許立刻就會死，便會使我們再一次思考，自己現在所追求的事物，是否具備真正的價值。也就是說，只要每一天都能心懷死亡，便不會再希望自己莽撞地過一生。

思考死亡、記得死亡，並不代表對人生悲觀。因為只要思考過死亡，人便會以更正向的觀點看待自己的人生。如果真能活上一千年，你能保證自己不浪費每一天，每一天都好好過活嗎？四十歲之後，餘生頂多也就只剩下五十年。讓我們記得這一點，好好珍惜每一天吧。許多人只專注在忙碌的現實生活，卻從未正視自己的死亡。光是去思考死亡的意義，就能使我們以樂觀的態度看待人生，也會明白還能呼吸的此刻，是多麼令人感激。

及時而生，及時而死。

06

認同這個世界原本的樣子

‧戴歐尼修斯式的樂觀‧

面對最陌生且最殘酷的人生問題依然能肯定生命；因自己無限的可能性而喜悅，卻仍願意犧牲生命的最高典範，是不朽生命意志的表現。——這才是我所說的戴歐尼修斯精神，是我認為通往悲劇詩人心理學的橋梁。

節錄自《偶像的黃昏》

我們終其一生活在競爭之中，因不明確且不透明的未來感到恐懼，總是受不安與擔憂所苦。尤其活了四十多年之後，此刻對人生的恐懼比以往要更加劇烈。對貧窮與疾病的恐懼、對失敗的恐懼、擔憂失去金錢與名譽的恐懼、對變化的恐懼、對喪失的恐懼、對死亡的恐懼、對孤單的恐懼等，我們在無數的恐懼籠罩下，度過不安的每一天。但過度的不安與擔憂，會破壞我們的身心，成為疾病的原因。這樣的恐懼與不安，也只會使我們在實現目標時失敗。恐懼是需要克服的對象，我們要如何擺脫害怕與恐懼？

何謂戴歐尼修斯式的人生態度

曾經落腳義大利杜林的尼采，在一八八九年一月三日於卡洛·阿爾貝托廣場，目擊一名馬車伕嚴厲鞭打自己所養的馬。當下，尼采慘叫著衝了過去，一把抱住馬的脖子痛哭，隨後便神智不清地倒在地上。旅館的主人發現尼采，並將他帶回去。直到一九〇〇年八月二十五日去世之前，尼采的神智都沒有再恢復正常。人生的最後十多年，尼采的精神一直處在暗黑期。

尼采居住在杜林，直到發瘋之前，都在思考「如何才能在這個世界，而非另一個世界中過上美好生活？」為了克服宣告「上帝已死」之後接踵而至的虛無主義，他提出超人、權力意志、顛覆所有價值、命運之愛與永恆輪迴等哲學理念。現在，我們該要了解克服虛無主義的最後理念——最好的肯定形式「戴歐尼修斯式的肯定」。

尼采的戴歐尼修斯式的肯定哲學，目的是要成為「健康的人」。他的哲學目的，就是成為健康的人去愛自己的人生。他的哲學談論如何能使現代生病的人變得健康。而在思索使人類在精神上脆弱、生病的原因，以及使人健康的方法時，他從希臘的戴歐尼修斯神話中找到了解答。

戴歐尼修斯是希臘神話中的酒神、喜悅之神與幻境之神，在羅馬神話中名為「巴克斯」。戴歐尼修斯是波瑟芬妮的兒子，神話中宙斯變身成蛇接近波瑟芬妮，生下了「戴歐尼修斯・札格柔斯」。宙斯的妻子赫拉得知這件事之後，便因嫉妒而命令泰坦殺害戴歐尼修斯。泰坦將戴歐尼修斯肢解成七塊，切碎之後吃下肚。但幸好雅典娜女神拿走了戴歐尼修斯的心臟，宙斯讓塞墨勒吃下那顆心臟，戴歐尼修斯便重新被塞墨勒生下。所以戴歐尼修斯也是復活之神、喜悅與狂熱之神。

尼采將戴歐尼修斯・札格柔斯神話所象徵的生死問

題，轉化成為「戴歐尼修斯精神」的哲學概念。為了理解古代希臘人豐富澎湃的驚人本能，他首次認真談論了戴歐尼修斯之名。戴歐尼修斯式的狀態，凸顯了希臘式本能的「生命意志」，也就是肯定超越死亡與變化的永恆生命。

尼采在《偶像的黃昏》中，談論了戴歐尼修斯所代表的意義。誕生、成長和對未來的一切保證，都不可避免的伴隨著痛苦。這樣的痛苦就像生產的陣痛一樣神聖，因此健康的人必須欣然背負自身痛苦的命運繼續前行。這正是尼采口中「戴歐尼修斯式的概念」，是對創造的喜悅與永恆生命意志的肯定。

希臘的悲劇情緒，是被亞里斯多德乃至於厭世主義者所誤會的概念。而尼采所說的「戴歐尼修斯精神」，便是理解這一概念的關鍵。叔本華認為，希臘悲劇是希臘人落入厭世主義的證據。他藉著悲劇凸顯了人生痛苦的一面，並且試圖否定生命的意志。而亞里斯多德認為，希臘悲劇的效用在於情感的陶冶與淨化。主角的悲劇命運，使恐懼與憐憫等情緒被激發，並使人的情感得到淨化。

但尼采不同於他們，他以「戴歐尼修斯精神」來看待希臘悲劇。希臘悲劇中英雄的模樣，不是為了跳脫單純的恐懼與憐憫或淨化情感，而是為了使人從生命中那些痛苦的問題感受到喜悅，並進一步肯定生命的意志。即使在面對最陌生、最殘酷的人生問題時，依然能夠肯定生命的態度，就是「戴歐尼修斯精神」。

面對自己能夠擁有的最佳人生

尼采在《瞧，這個人》中提到，「存在的事物中，沒有一個是能夠剔除的，也沒有一個是不被需要的。」這一句格言是要告訴我們，存在於世上的所有事物，無論好壞、無論美醜，全都是肯定的對象。這就是尼采口中的「戴歐尼修斯式的肯定」（Das dionysische Ja Sagen），是一種即使面對生命中所有使人疑惑的陌生事物，仍要毫無保留地表達肯定的態度。

尼采從一八八八年初到夏天這段時間所寫的遺稿中，針對自己所體驗的實驗性哲學——戴歐尼修斯式的肯定做了一些說明。所謂戴歐尼修斯式的肯定，不只是將至今人生中負面的部分視為必然，更是完整地、毫無例外地、不做任何選擇地肯定這個世界原本的樣子。換句話說，他認為在充斥痛苦、疾病、意外等可怕又使人疑惑的人生中，一切都是有價值的。他甚至將那些負面的部分，都看成是自己所盼望的結果。那些使我不幸的事情，反而能夠刺激我，使我以更積極的方式去過自己的人生。這種戴歐尼修斯式的肯定哲學，為我們開闢了一條通往「最好的肯定」的全新道路。

人生中所留下的許多污點，會使我們變得悲慘。失敗時會感到後悔、感到痛苦，都是理所當然的事。但若因為一次的失敗便陷入絕望、感到痛苦，便會使剩下的人生也跟著完蛋。而戴歐尼修斯式的肯定能夠幫助我們，擺脫深不見底的絕望沼澤，重新走回屬於自己的路。尼采所說的幸福，取決於「我們如何肯定自己生命原本的樣子」。尼采在一八八八年所寫的遺稿中說道：

「我希望毫無保留地以戴歐尼修斯式的肯定接受世界的存在，無須推理或例外。這個哲學追求永恆輪迴。我想要相同的事物、相同的結論與非結論。對一個哲學家來說，最好的狀態是以戴歐尼修斯的方式面對生活。對此，我的方式是命運之愛。」

尼采將戴歐尼修斯式的肯定，與相同的永恆輪迴及命運之愛思想緊密結合。我們以戴歐尼修斯式的態度看待命運，即是無論生命再痛苦，都沒有理由否定或恐懼永恆輪迴的意思。也是即使人生令人髮指且充滿疑惑，也必須要愛自身命運的意思。

從這一層意義來看，命運之愛與戴歐尼修斯式的肯定，可說是一體兩面的銅板。若想愛自己的命運，就必須肯定自己充滿痛苦的人生。戴歐尼修斯式的生命意志，不將痛苦視為必須迴避的對象，反倒認為那是一種喜悅。能認同自己是超人的人、懂得以自身權力意志克服並創造人生的人、即使人生的每一瞬間都會永遠重來，仍能肯定並欣喜接受的人、懂得去愛無可避免的命運的人，這樣健康的人，正是「戴歐尼修斯式的人」。尼采在《善惡的彼岸》中說：

「深刻的痛苦使人高貴。」

無論是誰，在經歷巨大的挫折之後，都會因為挫折帶來的痛苦而感到茫然、躊躇。但即便我們因絕望而痛苦，這世界仍會繼續轉動。這時陷入絕望的我們，便成了格格不入的異鄉人。從這個角度來看，失敗使人生充滿痛苦與黑暗的原因，便完全出自於我們的內心。

從來不曾真正感受過痛苦的人，未來便無法真正成長。在痛苦與苦難之中，我們也必須抱持對人生無限的喜悅與期待。因為痛苦越大，我們就能成長越多。那些使我們痛苦難受的事，反倒會帶領生命往更好的方向前進。無數的挫折與絕望，都能將生命雕塑得更加美麗。

戴歐尼修斯式的肯定，象徵越是痛苦的生命便會越加美麗。不明確的未來所帶來的恐懼，絕對不只有壞處。因為生命所帶來的恐懼與不安，能帶領我們找到正確的解決之道。「戴歐尼修斯式的肯定」讓我們學會如何克服並超越恐懼，抵達最好的人生。

我們所經歷的一切，

都使我們成為高貴的人。

參考文獻

《權力意志》，尼采著，姜秀南譯，清河

《尼采》，R·J·霍林德爾著，金基福、李源鎮譯，Book Campus

《尼采》，呂迪格·薩弗蘭斯基著，吳允熙、陸惠媛譯，Ehwa Books

《尼采》，鄭東浩著，書本世界

《尼采：《查拉圖斯特拉如是說》解說版》，鄭東浩著，書本世界

《尼采》，Classic Could 2、李珍友著，Arte

《尼采劇場》，高明燮著，金英社

《尼采如是說》，白勝榮著，世昌出版社

《尼采，戴歐尼修斯式的肯定哲學》，白勝榮著，書本世界

《尼采辭典》，木前立秋等編，李申哲譯，圖書出版

《尼采，跨越世界走自己的路》，崔江淳著，滑翔機

《尼采與哲學》，吉爾·德勒茲著，王紹中譯，時報出版

《尼采的健康哲學》，李相凡著，集文堂

《尼采的一生》，蘇·普里多著，朴善英譯，Being出版

《尼采的人生課》，李珍友著，人文主義

《尼采全集1：論語言的起源、論此脈絡的推測、柏拉圖對話的研究入門、柏拉圖以前的哲學家們、亞里斯多德修辭學I、遺稿（1864年秋～1868年春）》，金吉善譯，書本世界

《尼采全集2：悲劇的誕生、不合時宜的考察》，李珍友譯，書本世界

《尼采全集3：遺稿（1870年～1873年）》，李珍友譯，書本世界

《尼采全集4：遺稿（1869年秋～1872年秋）》，崔尚昱譯，書本世界

《尼采全集5：遺稿（1872年夏～1874年末）》，李相燁譯，書本世界

《尼采全集6：拜魯特的華格納、遺稿（1875年初～1876年春）》，崔文奎譯，書本世界

《尼采全集7：人性的，太人性的I》，金未其譯，書本世界

《尼采全集8：人性的，太人性的II》，金未其譯，書本世界

《尼采全集9：遺稿（1876年～1877/78年冬）（1878年春～1879年11月）》，金容秀譯，書本世界

《尼采全集10：朝霞》，朴燦國譯，書本世界
《尼采全集11：遺稿（1880年初～1881年春）》，崔盛煥譯，書本世界
《尼采全集12：快樂的科學、墨西拿的田園詩》，安盛燦譯，書本世界
《尼采全集13：查拉圖斯特拉如是說》，鄭東浩譯，書本世界
《尼采全集14：善惡的彼岸、道德譜系學》，金正賢譯，書本世界
《尼采全集15：華格納事件、偶像的黃昏、反基督、瞧，這個人、酒神頌歌、尼采反對華格納》，白勝榮譯，書本世界
《尼采全集16：遺稿（1882年7月～1883/84年冬）》，朴燦國譯，書本世界
《尼采全集17：遺稿（1884年初～秋）》，鄭東浩譯，書本世界
《尼采全集18：遺稿（1884年秋～1885年秋）》，金正賢譯，書本世界
《尼采全集19：遺稿（1885年7月～1887年秋）》，李珍友譯，書本世界
《尼采全集20：遺稿（1887年秋～1888年3月）》，白勝榮譯，書本世界
《尼采全集21：遺稿（1888年初～1889年1月初）》，白勝榮譯，書本世界
《炸藥尼采》，高炳權著，千年的想像
《論道德的系譜》，尼采著，趙千帆譯，大家出版
《西方哲學史》，伯特蘭·羅素著，何兆武、李約瑟譯，五南出版社
《悲劇的誕生》，尼采著，安婕工作室譯，華滋出版
《悲劇的誕生／歡愉的智慧》，尼采著，郭福祿譯，東西文學社
《尼采問：人生痛苦嗎？》，朴燦國著，21世紀圖書
《怎樣的人生值得去愛》，李真慶著，X圖書
《西方哲學史》，奎納爾·希爾貝克、尼爾斯·吉列爾著，尹亨植譯，而學社
《西方哲學史（上）》，約翰尼斯·荀貝格著，姜成衛譯，以文出版社
《西方哲學史（下）》，約翰尼斯·荀貝格著，姜成衛譯，以文出版社
《理解西方哲學史》，朴英植著，哲學與現實社出版
《善惡的彼岸》，尼采著，趙千帆譯，大家出版
《叔本華 vs. 尼采》，李序圭著，世昌出版社
《附錄和補遺》，叔本華著，洪成光譯，乙西文化社
《薛西弗斯的神話》，卡繆著，嚴慧瑩譯，大塊文化

《反基督》，尼采著，朴燦國譯，Acanet
《今日我們為何讀尼采》，鄭東浩等著，書本世界
《我們為何不斷側目》，李真慶著，X圖書
《偶像的黃昏》，尼采著，衛茂平譯，五南出版
《瞧，這個人！：尼采自傳》，尼采著，萬壹遵譯，五南出版
《人性的，太人性的》，尼采著，姜斗植譯，東西文學社
《莊子》，莊周著，金甲洙譯，字譚出版
《快樂的西方哲學史》，Sterling P. Lamplecht著，金文秀譯，東西文學社
《查拉圖斯特拉如是說》，尼采著，郭福祿譯，東西文學社
《查拉圖斯特拉如是說》，尼采著，張希昌譯，民音社
《查拉圖斯特拉如是說》，尼采著，洪盛光譯，Penguin Classics Korea
《用隱語讀查拉圖斯特拉如是說》，崔尚昱著，瑞光社
《榮格自傳：回憶、夢、思考》，榮格著，趙成其譯，金英社
《柏拉圖全集Ⅳ》，柏拉圖著，王曉朝譯，左岸文化
《給現代人的西洋哲學史》，楊惠琳著，集文堂

熱愛人生，
25堂尼采的生命啟示哲學課

마흔에 읽는 니체

熱愛人生,25堂尼采的生命啟示哲學課/張在炯作；陳品芳譯. -- 初版. -- 臺北市：春天出版國際文化有限公司, 2025.02
面；　公分. -- (Better；44)
譯自：마흔에 읽는 니체
ISBN 978-626-7637-07-4(平裝)

1.CST: 尼采(Nietzsche, Friedrich Wilhelm, 1844-1900) 2.CST: 學術思想 3.CST: 生命哲學

147.66　　113019485

Better 44

作　　者◎張在炯
譯　　者◎陳品芳
總 編 輯◎莊宜勳
主　　編◎鍾靈
出 版 者◎春天出版國際文化有限公司
地　　址◎台北市大安區忠孝東路4段303號4樓之1
電　　話◎02-7733-4070
傳　　真◎02-7733-4069
E－mail◎frank.spring@msa.hinet.net
網　　址◎http://www.bookspring.com.tw
部 落 格◎http://blog.pixnet.net/bookspring
郵政帳號◎19705538
戶　　名◎春天出版國際文化有限公司
法律顧問◎蕭顯忠律師事務所
出版日期◎二〇二五年二月初版
定　　價◎420元

總 經 銷◎楨德圖書事業有限公司
地　　址◎新北市新店區中興路2段196號8樓
電　　話◎02-8919-3186
傳　　真◎02-8914-5524
香港總代理◎一代匯集
地　　址◎九龍旺角塘尾道64號 龍駒企業大廈10 B&D室
電　　話◎852-2783-8102
傳　　真◎852-2396-0050

ISBN 978-626-7637-07-4